JN222890

発達障害児の母親ケアラーの生活の苦しみと編み直し

山下 亜紀子 ●著

学文社

目　　次

第1章

本書の目的

——母親たちの生活上の苦しみと生活の編み直しをとらえる——

発達障害児の母親たちが集う茶話会での語りから

U さん ：ご飯とかは一緒ですか？ご飯とか食べるものって，（家族）みんな一緒ですか？

KD さん ：（U さんは）違うものを用意してるんですね。（そのように質問される）ということは。

一 同 ：笑い

（略）

U さん ：ハンバーグは作っても，（子どもは）塊が口に触ったら，「食べない。ハンバーグは食べない」ってなるから。どうしたもんかなあって思って。だからみんな違う（献立になる）。私と主人は一緒なんですけど。まあ，主人もいろいろこだわるから。まあ（子どもは,）単品，まざったものは食べない，食べられないから。からあげ，エビフライ，ハンバーグみたいに，なるんですけど。エビフライのしっぽが口にささっても，「食べない」って，「うわあ」ってなっちゃうし。（中略）栄養が全然ないものばっかり食べるから，それでイライラするんじゃないかなって思ったりとかして。

（略）

KI さん ：ベロは，ちっちゃい時が一番過敏だから。（中略）私も保育士なんですけど，偏食の子もいて。感覚過敏ってザラザラが苦手で嫌とかもあるし。味，ケチャップとか，（子どもは）好きそうだけど，酸味がすごくささるとか，やっぱり嫌がるし。ねえ，いずれ，食べるものが増えるといいなあくらいに……。（中略）

KD さん　：給食だったら，頑張って食べてるんですかね。ちょびっとずつでも。

U さん　　：なんか，みんなが一緒というか，隣に2年生の男の子がいてくれて。その子が「○○君，次これだよ」「次これ食べてみて」っていうみたいで。

M さん　　：なんて優しい子なの。優しいねえ。

一　同　　：えらい，えらい。

U さん　　：きのことかも全然食べれなかったんですけど，「きのこもこれだけ食べた」って（子どもが）いうから。

M さん　　：えらい，えらい。

一　同　　：よかった。

U さん　　：家ではあれですけど，給食はちょっとずつ頑張って食べてるみたいです。でもこれ（偏食）が，大人になるまで，ずーっと続くのかなあ，とかって思ったら，大変だろうな，本人は。

KD さん　：大人になっていったら，食べられるものが絶対増えると思うんですよ。今（小学校低学年の頃）が一番大変かもね。主張もできるし。自分で選択できるようになったから。なんかねえ。今が一番大変かもな。裏を返せば，いつも同じものでいいってことかも。この人はこれ。この人はこれ。この人はこれ（という感じで）。

KI さん　：お弁当とかも，私が作っても，大体みたことあるものしか食べないから，私は楽なんですよ。3パターンくらいしかないから。「これ飽きた」とか絶対言わないので。（子どもたちは）安心なので，知ってる味が。そこは，他のお母さんより楽かなって，なんか。同じもの入れても，一切文句言わないので。

KD さん　：給食でいろいろ勉強をするなら，お家では一緒でもいいんじゃないですか。アハハ……

KI さん　：安心の味でねえ。

KD さん　：そうそう。お家ではこれって。

KI さん　：で，また，学校で頑張ればねえ。

筆　者　　：（みなさん）苦労をされてますね，いろいろと。

KD さん　：このあがいている状態が，でも必要な時があって。後から，あん時はあーだったから，こうだなって（後でわかるから）。絶対，後からいいことがあるから。

S さん　　：みんな（子育てで）通ってきた道ですね。たぶんね。

KD さん　：どんどん忘れていきますけどね。自分のために，どんどん忘れる。

U さん　　：またちょっとしたこう，なんですか？楽になる時がくるんですか？

KD さん　：なんかね，ちょっと希望をつぶすとね，これ（前）とは違うことがくる。
　　　　　　いや，こうきたかー。これ解決したと思ったら，こうきたかーとか。
　　　　　　そう。成長したゆえの（悩みがでてくる）。そうだよね，今度はそっち
　　　　　　だね，みたいな。

KI さん　：いろいろ修行が。

KD さん　：修行が続く。

一　　同　：笑い

KI さん　：私もこの間，「まじ，もーっ」とか言ってたら，弟（第3子）が，「修行
　　　　　　が終わらないね」って言ったんですよ。(私は)「精神と時の部屋に入ろ
　　　　　　うかなあ」って言ったんですけど。……いろいろあるでしょう？何も
　　　　　　ない日はないでしょう？

一　　同　：笑い

KD さん　：ありますよ。

M さん　　：あります。

KI さん　：ほんとにね，なんかね。(通っているフリースクールの) ガラスも割りす
　　　　　　ぎて，保険屋さんが調査に入って，1時間くらい事情聴取が（この間）
　　　　　　あって。という，そういうのも来るんですけど。本当に，なんか謝り
　　　　　　すぎて，心臓縮んだんじゃないかなと思います。その施設の人に頭を
　　　　　　下げ，保険の人にも頭を下げ，フリースクールだったから，フリース
　　　　　　クールの先生にも。(フリースクールの先生は)「全然いいよー」って言
　　　　　　うんですけど[1]。……

1. 障害児の母親たちが直面する生活困難とその問題対処

　障害児の母親たちは，生活を送る上で大きな困難を抱えている。またそうした生活上の大変さは，なぜか後景化しがちで，人々に気づかれにくい。冒頭の母親たちの語りでは，そうした困難が母親たち自身によって「修行」と表現される。そこには，日常的な生活の大変さを長年にわたり引き受けざるを得ないこと，子どものケアをめぐり日々鍛錬が続くことなどが含意されているのであろう。またケアの中で経験する苦労は，今後の生活にとって必要不可欠だと認識されつつも，自分の身を守るため，その記憶は自ら消し去ることも吐露される。本書では，こうした障害児の母親の生活困難を明るみにし，包括的に描き出したい。また生活困難に対し，母親たちがどのように問題対処しようとしているのか，という点も焦点化する。さらに生活困難を生じさせている社会的要因をとらえ，生活困難を乗り越える方策について考えることも目的としている。なお，本書のタイトルとした「生活の苦しみ」は「生活困難」と，「生活の編み直し」は「問題対処」と同義として考えている。

　障害を持つ人については，様々な議論の展開によって，その生活問題が審らかにされつつある。まず障害学の確立は，障害をもっていることをどのように意味づけるか，といった議論に貢献してきた。とりわけ，イギリスにおける障害学は，障害のとらえ方について，個人の心身の損傷や欠損などの状態ととらえる「障害の個人モデル」から，モノや環境など社会が生活上の大変さを生み出しているとする「障害の社会モデル」へと大きく転換させ，社会に大きなインパクトをもたらした。[2]「障害の社会モデル」の考え方は国際的に波及し，2006年に国際連合で採択された「障害者権利条約」に反映された。日本は，同条約を2014年に批准しており，2013年に成立，2016年に施行された「障害を理由とする差別の解消の推進に関する法律（障害者差別解消法）」につながった。同法は，国，地方公共団体，事業者に対し，「障害の社会モデル」に基づき，「不当な差別的取扱いの禁止」と「合理的配慮の提供」を求める内容から構成されている。新しい障害のとらえ方は，社会の法制度にも組み込まれ，社会に根づ

きつつある。そして障害を持つ人々の実際的な生活改善につながってきた。

　社会学領域においても，障害を持つ人々についての研究の蓄積がなされてきた。後藤吉彦は，『社会学評論』において「テーマ別研究動向〈障害の社会学〉」と題する論考を提出している（後藤 2010）。この論考では，障害に関連した社会学研究がレビューされているため，本書が扱っている障害者の家族についても取り上げられているが，障害を持つ人については，「それまで専門家の前に沈黙させられてきた障害者の声を中核にすえて，社会の中の様々な問題を照らし出したり，既存の社会規範を問い直す研究」（後藤 2010：81）が生み出されたことが紹介されている。とりわけ障害者 / 健常者を分ける社会規範に，障害を持つ人々がさらされていることの問題や，障害者の自立生活や障害者に関わる介助というものが社会の中でどのように意味づけられてきたのか，という点が主題であることが多い（後藤 2010）。そして近年，榊原賢二郎が，連字符社会学としての「障害社会学」を打ち出した（榊原 2019）。榊原は，障害学や「障害の社会モデル」の持つ制約として，「障害者」とは誰かという問題が不問に付されたままであること，障害者が生活を送るための必要な医療が周辺化されること，「障害者運動の語りの特権化による家族や関係者の語り，障害者の非運動的な語りの従属的位置づけ」（榊原 2019：152），「身体的機能不全の『進行』を含む身体的諸問題の軽視」（榊原 2019：152）などを提示する。その上でこうした障害学の制約からの解放を図る，いわば「障害学への反省を繰り込んだ障害をめぐる社会学的反省の学問」（榊原 2019：152-3）として「障害社会学」を掲げた。「障害の社会モデル」の批判発展の路線上におかれ，かつ社会学が引き受けることのできる議論の固有性を意識していたといっていい。そして再帰性概念を用いた「障害社会学」を標榜し，編まれた『障害社会学という視座－社会モデルから社会学的反省へ―』（榊原編　2019）では，障害社会学の具体例として位置づける論文が掲載されている。それらは，髪の毛のない女性にとっての経験や生きづらさがどのようなものか（吉村 2019），発達障害の診断を得た当事者が，制度的支援の場でどのような自己アイデンティティの捉え直しを行っているのか（浦野 2019），といった内容から構成されている。障害に関

5

わる当事者が社会の中でどのような問題を抱え，どのような対応実践をしているか，といった問題に焦点化されているものである。社会学領域では，障害を持つ人の苦しみの内実，そして，様々な障害を持つ人々の実際の対処過程を明らかにしてきたととらえられよう。

　現実の社会に目を転じてみると，障害をもつ人々が，いまだ社会的差別の下におかれ，多くの苦しみを抱えていることがわかる。2016年に神奈川県相模原市の知的障害者施設で起きた殺傷事件は，人々に大きな驚きと悲しみ，そして怒りをもたらしたが，19人もの入所者が殺害された。また旧優生保護法下において，障害などを理由に不妊手術を強制された人たちが国を訴えた裁判は，障害者への差別や偏見が長く続き，根強いことを改めて浮き彫りにした。こうした事象に鑑みると，障害を持つ人々の人権の確立とは程遠いのも事実である。それでも，障害者の人権擁護に向けて進展してきた感はある。旧優生保護法に基づく不妊手術の強制は，憲法違反とし，国に賠償を命じた最高裁大法廷の判決（2024年7月3日）は，そのあらわれでもあろう。

　このように障害を持つ人々については，社会の法制度の改革が進み，研究の面でも着目され，その生活問題の改善へ向け，一定の進展がみられるといえる。一方で，障害者をケアしている家族はどうだろうか。これまで障害を持つ人をケアする役割は，多くの社会で家族，特に女性に期待されてきた。家族によるケアは当然とみなす社会規範が強いために，家族は当たり前のこととしてケアを担ってきたことが想定される。また障害者の運動においては，障害者の家族は，障害を持つ人々に対する抑圧的な存在として位置づけられ，当事者からは，家族から離れて暮らすことが，自立の手立てとして，運動の一つの目標にもなっていた歴史もある。家族は障害者の自立を阻害する立場としても，位置づけられてきた[4]。

　1990年代以降，日本の社会学で，ようやく障害者の家族の実態をとらえようとする研究がみられるようになった。それらの研究では，ケアラーである家族について，どのように自分をアイデンティファイしながらケア役割を果たそうとするのか，またケアが必要な子どもとの関係がどのようなものであったの

か，といった点が浮き彫りにされる。すなわち障害者家族としてのアイデンティティや，障害者と家族の関係性が中心的に論じられてきた（岡原 1990=2012；石川 1995；要田 1999；土屋 2002；中根 2006）。一方でケアを担う家族が，ケアに従事する中で，社会生活においてどのような苦しみを抱えているのか，その全体像をとらえようとするものは少ない。また家族が，そうした生活困難に対し，どのように対処し，どのように生活を編み直そうとしているのか，ということをとらえようとする研究も，ほとんどない。ましてや，生活困難がどのような社会構造に由来しているのか，という点である。本書はここに照準をあてるものである。

　障害児の母親たちは，どのような生活上の苦しみ（生活困難）に見舞われているのだろうか。このことを検討するにあたり本書がとる立場は，ケアという行為に従事しているからこそ，生み出される苦しみがある，というものである。またケアに従事する母親が持つ，生活困難への問題対処（生活の編み直し）を把握する上で，本書が足がかりにするのが生活構造論の考え方である。次節以降では，これらの点について詳述することにしよう。

2. ケアに従事している立場性への着目―ケアするがゆえに見舞われる苦しみ―

　政治学者の Joan Tronto は，「わたしたちは，みなケアを提供する者であるだけでなく，わたしたちすべてが，誰でもケアを受け取るひとなのです」（Tronto 2015=2020：31）という。Tronto のように，ケアに関わるフェミニズムを共通項とする学者たちは，ほとんどの人の人生においてケアされることとケアすることが経験されることに気づきはじめている。そして社会がケア実践を見落としてきた問題も口々に言いだしている。そこに込められる学問的反省は，「ケアは，そのほとんどが，不平等なものである」（Tronto 2015=2020：37）という問題に，社会が目を向けてこなかったことにある。つまりケアすることにより，不利な立場におかれ，社会的に排除されることに対し，社会はそ知らぬふりをしてきた。ケアに従事することにより様々な生活問題が生起し，そのこと

に対して社会や学問が無関心であった，というように言い換えてもいい。また
そ知らぬふりをしていたのは，ケアの場が，公的な領域ではなく，女性たちの
活動の場とされる私的な場であったからである。こうしてケアにまつわるフェ
ミニズムの議論は，ケアに従事するがゆえにもたらされる生活上の様々な不利
益があることを明るみにした。

　ケアに従事している人の苦しみは，Carol Gilligan による「ケアの倫理」と
いう考え方によって見出された (Gilligan 1982=2022)。「ケアの倫理」は，ケア
にまつわる不平等を唱える様々な議論の起点となっており，上述の Tronto も，
「ケアの倫理」を基盤として新たな政治理論を構想している。日本において，「ケ
アの倫理」を先進的に取り扱ってきた岡野八代は，Tronto の主張として，「ケ
アの倫理」を，「真に社会変革のための理論へと鍛えるためには，ケア実践を，
わたしたちの社会だけではなく，内面さえも分断している公私の二元論に対す
る批判的な実践として捉え返す必要がある」(岡野 2020：95) [5] という点があった
ことを紹介している。こうして Tronto をはじめ Susan Okin (Okin 1989=2013)
などの政治学の領域では，公私二元論を批判の参照点とし，私的な領域におい
て，その主な活動の担い手である女性が不平等な立場におかれる問題を明るみ
にした。これらの議論の主眼は，社会が私的領域に女性たちを囲い込み，私的
領域におけるケアは公的な領域ではないものとして貶めていること，そのため
ケアをしている人の不平等な立場は不可視化され，かつ，平等の議論の俎上に
ものらなかった，という点におかれる。哲学や法学の議論では，この議論をさ
らに発展させ，人の人生において避けることのできないケアのニーズに応答し
た女性たちが，様々な不平等な立場におかれていることを具体的な形で示し，
その対応策も論じてきた [6]。

　本書では，発達障害児の母親の生活に照準をあてるが，ケアを行っている立
場性を前提としている。ここで取り上げる母親たちも，ケアを行なわないとい
う選択肢は与えられていない。後述するように，筆者の調査からは，障害児の
ケアは，母親たちが排他的，専従的に担っていることが明らかになっている。
障害を持つ子どもが世に誕生した時点で，母親が，そのケアを担うことは，蓋

然である。障害児の母親であることは，すなわち，ケアをしている人ということを同時に意味するのである。上野千鶴子による，ケアの人権アプローチにおける，「ケアすることを強制されない権利」（上野 2011）は全くもって保障されていない。そしてケアに従事しているがゆえに，様々な生活上の苦しみが生じることになるのである。

3.　生活の編み直しをとらえる視座—生活構造論の援用—

　母親たちが抱える生活上の苦しみ（生活困難）への問題対処（生活の編み直し）を明らかにするために，本書が依拠するのが生活構造論の考え方である。とりわけ，高度経済成長期から 1980 年代にかけて都市社会学の領域で用いられた生活構造論を基本的に用いる。まずは，かなり前に用いられた生活構造論の立場を，なぜ本書で採用するのか，という点について触れておきたい。

　都市社会学領域での生活構造論は，都市化や経済成長により，地域での生活がドラスティックに変化し，生活問題が頻出したがゆえに登場した。1986 年に発刊された『リーディングス日本の社会学 5 生活構造』において，編者の一人である三浦典子は，1950 年代後半からの経済の高度成長により，大都市の構造が大きく変化し，流動的な都市に暮らす住民の生活実態や意識を知るため，分析単位を個人におく生活構造概念が活況を呈するようになったという。そして「生活構造はまさに生活主体と社会構造との連結点に位置して，生活主体が主体的に社会構造に関与していく行為によって構造化されたもの」（三浦 1986：4）と説明する。また生活主体が社会構造に関わる際に，準拠するものとして，その社会が有する価値規範の体系があることを下記のように述べる。

　　生活主体が社会構造へ関与する際に，行為の準拠枠組みとなるのが，当該社会の価値体系と，それを内面化した行為者の行為規範である。生活主体は自らの欲求に基づいて設定した目標を達成する形で，社会関係を取り結び，社会へと関与していくのであって，生活主体の目標達成への動機づ

けの背後に存在するものがこの価値規範体系である（三浦 1986：4）。

　こうして，生活主体による，フォーマル・インフォーマルな社会関係のネットワークである社会構造への関与と，生活主体の設定する生活目標および様式選考である文化構造への関与として生活構造が示される（三浦 1986）。人々には何らかの生活目標があることが措定されており，その生活目標の達成に向かって，人々が社会制度やインフォーマルな関係性とつながっていく様として，生活構造の概念が提起されたといえる。

　近年になり生活構造論を整理した室井研二は，高度経済成長期〜1980 年代を振り返り，この概念が生まれた社会的背景を論じている。室井によると，当時は，経済成長に基づく公害の問題や地域的共同性の衰退などが社会問題化し，それに対応して，住民運動が盛んになっており，「生活」を冠した理論が社会のニーズに適合的であったという（室井 2022：6）。都市化や経済成長によって，様々な生活問題が生まれ，それに対して住民による運動がなされた社会状況を分析するにあたり，生活構造論が適合的だったということであろう。

　本書では，様々な生活上の困難に見舞われている障害児の母親たちが，どのように問題対処しているのか，という点も焦点化している。地域生活の問題が頻発する中で活況を呈した生活構造論は，生活主体による問題対処をとらえる上で有益な概念であり，これに依拠することにより，その実態を適切に読み解く可能性を持つものとして，採用することにした。人々が見舞われた生活問題の内実は異なるかもしれないが，今時点でも，人々が様々な生活問題に対面することは起こり得ることであるし，都市に限らず普遍的に経験され得るものとして考えられるからである。またそうした生活上の問題に，生活主体がどのように対応し，解決しようとしているのか，という生活問題対処の動態的なプロセスを描き出すにあたっても有用であると考えた。

　生活構造論の研究は多くみられるが，本書が特に参照するのが，森岡清志による都市的生活構造の枠組みである（森岡 1984）。その特徴は，後に森岡自身が振り返って述べるように，生活問題の解決や処理の過程として生活をとらえ，

地域社会における生活問題の共同処理のパターンとして生活構造をとらえていく点にある（森岡 1986：209）。この視角を持つ森岡の議論は，障害児の母親の生活問題の対処をとらえようとする本書の目的に合致していると思い，用いることとした。

　ここで森岡の都市的生活構造の定義をより詳細にみていこう。都市的生活構造は，「都市住民が，自己の生活目標と価値体系に照らして社会財を整序し，それによって生活問題を解決・処理する，相対的に安定したパターン」（森岡 1984：86）と定義され，図 1-1 のようにその枠組みが図解されている。森岡によると，この規定には，「問題の解決・処理」と「社会財の整序化」という，2つの核となる概念が含まれている。社会財とは，生活主体が自己の周囲にある社会的資源を，その意識に照らして，それぞれ独自に切り取り配置しているものとされ，生活主体が意味づける社会的資源として説明されている。

　生活主体は，「社会財を認知的，評価的，指令的に選択処理しつつ，生活問題を解決・処理している」（森岡 1984：88）。そして問題解決を目指してなされ

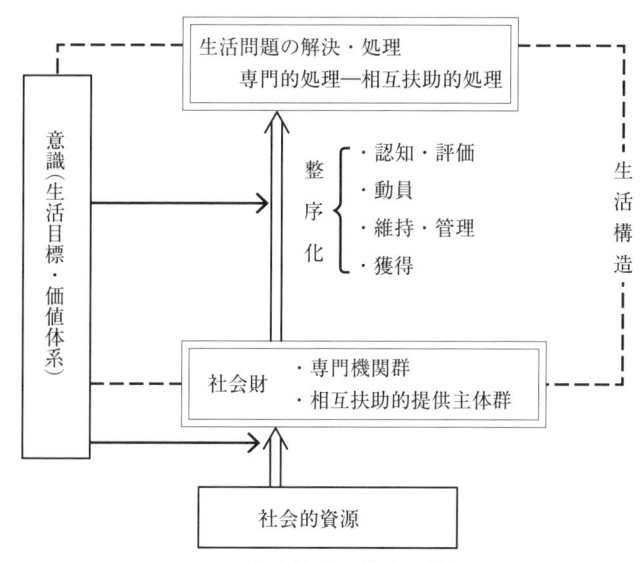

図 1-1　都市的生活構造の枠組み

出典：森岡 1984：87

る社会財の処理過程が、「整序化」である。なお、「整序化」という用語を用いる理由は、「生活問題の解決・処理にともなう社会財処理が、とくに選択的・選好的性格を有し、主体の発露を認めうるから」（森岡 1984：88）と説明されている。ここに生活者の主体性に大きな眼目があることがわかる。

　整序化には、4つのルートがある。森岡は、溝の悪臭に悩んでいる問題を引き合いに出しながら、それらのルートを次のように説明する。第1に「個人が行政ないし業者による専門的サービスを動員するルート」、第2に「個人が近隣や町内会に働きかけ、それによって相互扶助的に溝の清掃が行われるルート」、第3に「個人の働きかけを受けた近隣ないし町内会が、行政ないし業者の専門的サービスに委ねるルート」、第4は、「個人が自己の世帯員を動員して清掃を行うルート[7]」である。いずれも社会財の整序化過程においては、相互扶助的サービス提供主体と専門的サービス提供主体が登場し、これらを選択処理しつつ、生活問題の解決・処理をめざすことが示される。なお相互扶助的サービス提供群（相互扶助的提供主体群）としては、友人・同僚・近隣・親族・世帯が例示されており、専門的サービス提供主体群（専門機関群）には、公共財・サービスの提供主体としての行政機関、私的財・サービスの提供主体としての商業機関の2つがあげられている[8]（森岡 1984：88-91）。

　森岡がこの議論を導出した一つの理由は、「生活の都市化ないし現代化にともなって生じる様々な生活問題・現代的都市問題を説明する基礎論が不在である」（森岡 1984：79）ことに求められている[9]。都市の危機や現代的都市問題に呼応した、都市的生活の理論を打ち出す必要があった。都市的生活の解明にあたり、都市地域で生じる生活問題に対し、生活主体が、地域社会の社会財を整序しながら問題解決をめざすもの、として都市的生活構造論を提出したのであろう。

　本書では、発達障害児の母親を対象として、その生活困難（生活上の苦しみ）と生活問題対処（生活の編み直し）を明らかにしていく。その際、生活主体としての母親たちが、どのように社会に関わりながら、問題に対処しているか、という点にも分析のポイントがあることから、生活者の主体性と地域社会での問

題解決に主眼がある森岡の都市的生活構造論を基盤に検討することにした。具体的には，生活主体である母親たちが，生活問題に対して，地域社会のどのような社会財を整序しながら，問題解決を行っていくのか，という視点を持つものである。

4. 発達障害児をとりまく現状

　本書は，障害児の親の中でも，発達障害児の母親に焦点をあてたものである。この対象設定は，後述するように研究を進める上で偶発的なことであったが，調査を始めた 2010 年ごろは，障害の中でも，発達障害に対する社会の理解がことさら薄く，障害としての認知も低かった。このことは，ケアラーである母親の問題を深めていたと思われ，発達障害児の母親の調査を行ってみたいと考えた理由の一つである。

　ここで，発達障害児をとりまく現状に触れておきたい。厚生労働省によって 2016 年に行われた調査によると，日本社会全体で発達障害の診断を受けた人の数として，48 万人を超える推計値が示されている（厚生労働書 2018）。また子どもに関しては，文部科学省による 2012 年の調査データがある（文部科学省 2012）。この調査では，全国の公立の小中学校（岩手，宮城，福島の 3 県を除く）の児童を対象にした標本調査が実施された。1,164 校の児童生徒 152,272 人のデータの分析からは，「学習面又は行動面で著しい困難を示す」とされた児童生徒の割合は，6.5 ％であったことが示されている。発達障害のある子どもの割合の推計値が示されたということであり，決して少ない数値ではないことがわかる。

　近年，法的な整備もみられ，2004 年に「発達障害者支援法」が公布された。同法で発達障害は，「自閉症，アスペルガー症候群その他の広汎性発達障害，学習障害，注意欠陥多動性障害その他これに類する脳機能の障害であってその症状が通常低年齢において発現するものとして政令で定めるもの」（第2条第1項）と定義されている。またこの法律の趣旨として，発達障害を早期に発見すること，発達支援に関する国や地方公共団体に責務を明らかにすること，学校教育

における発達障害者への支援・発達障害者の就労の支援・発達障害者支援センターの指定等について定めることなどにより，「発達障害者の自立及び社会参加に資するようその生活全般にわたる支援を図り，もってその福祉の増進に寄与することを目的とする」ことが掲げられている（第1条）。この規定により，各都道府県，政令指定都市にあった自閉症・発達障害者支援センターが，発達障害者支援センターとして起動していくこととなった。さらに，同法第13条には，「都道府県及び市町村は，発達障害児の保護者が適切な監護をすることができるようにすること等を通じて発達障害者の福祉の増進に寄与するため，児童相談所等関係機関と連携を図りつつ，発達障害者の家族に対し，相談及び助言その他の支援を適切に行うよう努めなければならない。」と記されている。都道府県及び市町村による家族支援の努力義務があることが示されているということであり，その家族支援の必要性は既に法律上でも明確に規定されていることになる。

5. 研究の方法

　繰り返しになるが，本書では，研究の対象として，障害児の親の中でも，発達障害児の母親を設定している。筆者は，宮崎県に拠点をおいて生活，研究をしており，2010年，子育て支援に関する研究を実施する中で，発達障害を主とする子どもの家族会（団体A）に出会った。団体Aの会長にインタビュー調査を行った際，この家族会（団体A）のメンバーである母親たちにもっと話を聞いてみたい，という思いを抱き，筆者から今後も調査を継続したい旨のお願いをした。団体Aは，この要請を受け，筆者の調査の場として，同時に家族が語りあう場として，活動の一環として茶話会を定期的に開催することを決めた。その茶話会の活動は，2011年度から現在に至るまで定期的に開催されている。障害の中でも，発達障害児を対象とするのは，研究の成り行き上であり，偶然の産物でもあったが，この会との出会いが，長期にわたり，また深い調査を成立させてくれるものとなった。

団体A　子どもたち・家族の体験，お出かけ活動　「草そり＆遊具遊び＆カレー」（於：母智丘公園）
当時の宮崎大学の学生を連れて参加した。（2010年10月17日筆者撮影）

団体A　子どもたち・家族の体験，お出かけ活動　「ピザ作り体験」（於：社会福祉法人風の道 Bouno）
当時の九州大学の大学院生たちを連れて，この活動に参加した。（2016年8月6日筆者撮影）

団体A　茶話会（グループインタビュー調査）の様子（於：都城市総合文化ホール）
（2024年9月14日団体A撮影）

なお掲載した写真は，団体Aにおける活動の一つであり，障害児，きょうだい児，親が一緒に，様々な体験やお出かけをする活動時のものである。また茶話会（グループインタビュー調査）の様子も，掲載している。

　こうして，本書は，研究対象を障害児の中でも発達障害児に設定し，その母親たちに対して実施した調査分析から構成されている。研究を進めるにあたって行った調査は，5点に分けることができる。

　1つ目は，上記の茶話会時の調査であり，母親たちに対するグループインタビュー形式のものである。団体Aにおいては，2011年度から2013年度まで毎月1回，2014年〜2023年度まで基本的に隔月1回（ただし2020年度〜2022年度は，新型コロナウィルスの問題により休止），2024年度から毎月1回のペースで，茶話会（グループインタビュー調査）を実施してきた。また後述する団体Bにおいても，同様の茶話会を1度開催しており，この時の会話も，調査データとした。団体A，団体Bの概要は，親の会の研究としてまとめた第7章に詳述している。

　2つ目は，発達障害児の母親に対する個別のインタビュー調査である。団体Aにおける茶話会（グループインタビュー調査）を経て，信頼的な関係性が構築された母親たちに依頼して，実施した。

　3つ目は，団体のリーダーに対するインタビュー調査である。これについては，団体A，団体Bの会長，また団体Aの活動にリーダー的な立場で関わった人々に対して，調査を実施した。

　4つ目は，専門機関へのインタビュー調査である。フォーマルな機関において，ケアラーである母親に対し，どのような支援がみられるのかについて，資料調査と行政・専門機関・教育機関の職員に対するインタビュー調査を実施した。

　5つ目は，発達障害児の母親たちに対する量的調査である。母親の生活の質（QOL）に関する事項を中心にアンケート調査を実施した。これは，宮崎県にある団体A，団体Bに加えて，福岡県における団体の協力を得て実施したものである。

これらの 5 つの調査をもとに分析をしたものから本書は成っている[11]。

なお，具体的な調査方法，研究方法は，各章で詳述することとしたい。

6.　本書の構成

本章の最後に，本書の構成を示しておく。

本章に続く第 2 章では，障害児の母親に関する理論的検討を行っている。社会学の領域で，障害児の母親がどのようにとらえられ，記述されてきたのか。日本国内の研究にとどめ，1990 年代から現代にいたるまで，社会学研究によって明らかにされてきた母親像について整理した。

第 3 章から第 8 章までは実証的な分析となっている。まず第 3 章では，発達障害児の母親の生活を包括的にとらえ，生活する上でどのような困難や苦しみがあるのか，という点を検討した。これまで発達障害児の母親が抱える問題については，障害受容やストレスなど，心的側面からのみ検討されていた。本章では，限定された側面にとどまらず，母親を生活者としてとらえ，生活全般にわたって，その困難や苦しみについて析出した。またその生活困難の相互の関連性についても分析を行っている。データは，茶話会におけるグループインタビュー調査時のものを用いて，質的な分析を行った。

第 4 章では，第 3 章に引き続き，母親が抱える生活困難についての分析を行った。第 3 章ではグループインタビュー調査データをもとに，生活困難を問題発見的に析出したが，ここでは，個別のインタビュー調査に基づき生活困難について検討した。特に，生活構造論に基づき，母親たちには，どのような社会構造の接点において，どのような生活困難がもたらされているか，という点について，より掘り下げた分析を試みた。

第 5 章では，母親たちの生活問題の処理過程における，専門的サービス提供主体群とのかかわりについて検討した。発達障害児の母親に対する，フォーマルな支援実態がどのように布置されているのかについて，分析を行った。具体的には，調査団体 A，B が存する宮崎県の実態について，行政，専門機関，教

育機関に対するインタビュー調査分析をもとに検討を行った。

　第6章は，母親たちの生活問題を解決するにあたり，相互扶助的提供主体群の関わりがどうであるのかについても検討を行った。具体的には，ソーシャル・サポートの概念を用いながら，母親たちにとって，フォーマルな提供主体群，インフォーマルな提供主体群が，どのように問題解決へ向けて働いているのか，検討を行った。調査データは，茶話会（グループインタビュー調査）時のものを用い，質的に分析を行った。

　第7章では，母親たちの生活問題処理過程において，自助的な組織である親の会が，どのような役割を果たしているのか，を検討した。これは，専門的サービス提供主体群とも相互扶助的提供主体群ともとらえることができず，当事者同士でつながりあうものであり，都市的生活構造論が提出された時代には，あまり見出せなかった類型である。最後の「頼みの綱」として，親の会が存することの実態と意味を考えた。団体A，Bの資料やリーダーに対するインタビュー調査のデータ分析を行い，検討した。

　第8章は，量的な調査分析を行った。これまでの章でとらえてきた多様な生活困難と社会的孤立の実態をふまえ，母親の生活の質（QOL）について，主観的な評価をとらえることを試みた。QOL尺度は，イギリスのケント大学で開発されたケアラー用社会的ケア関連QOL尺度の日本語版を用いた。本尺度は，ケアをしている人のQOL尺度として，開発されたものであり，ケアを行う家族が固有に抱える問題を含み，生活の質を検証するための適切なものとして採用した。宮崎県，福岡県にある親の会の協力を得た調査をもとに，分析を行った。

　第9章では，母親たちが生活問題を解決するにあたり，社会財の整序があまりうまくいかず，社会的孤立に陥っている問題について，地域社会の共同性という観点から検討した。筆者がこれまで研究を行ってきた，高齢者のケア，子育てと比較し，なぜ，障害児のケア，という面において，地域の共同性が生まれにくいのか，その理由について，理論的に検討した。

　最後の第10章では，母親の生活問題が解決せずに，社会的に孤立している状況について，社会構造の側から説明を試みた。近代家族論，ケアに関するフ

ェミニズムと，福祉レジーム論を手掛かりに，理論的に検討を行った。そして生活困難を乗り越えるあり方について提言することも試みた。

注

1) 2024 年 5 月 3 日，団体 A でのグループインタビュー調査（茶話会）時の会話。
2) 障害学の史的展開についての詳細な記述はここでは行わないことにするが，杉野昭博（2007）に詳しいので参照されたい。
3) これらは，障害者にとっての家族という視点が中心に据えられている。なかでも障害者に対し「家族」の持つ抑圧性が分析テーマになっているものが多いとされている（後藤 2010）。
4) 障害者の運動において，「脱家族」が一つの主張となり，親からの自立が障害者の生活自立のある種のメタファーとして用いられていたことも事実である（横塚 2007；立岩 2000）。
5) Gilligan（1982=2022）については，後述するように本質主義的な理解にたっているという批判もある。岡野は，「ギリガンの主張は，女性の声をあたかも自然なものとしてとらえている，人種や階級の違いに無頓着に女性を一般化しすぎている，歴史を無視した一部の女性たちの声のみを切り取っているといった批判に，晒されることになる」（岡野 2020：89）という Tronto の論点も紹介している。
6) Martha A. Fineman（1995=2003），Eva F. Kittay（1999=2010）の議論が該当する。本書でも改めて第 10 章で扱う。
7) これは，世帯員の相互扶助による自家処理と説明されている（森岡 1984：89）。
8) 森岡は，村落社会においては，相互扶助システムの比重が高く，都市生活においては，相互扶助システムの衰退と，専門的処理機関群の高度な発達を，その特徴としてあげている（森岡 1984：90-1）。
9) 都市的生活構造論を提出したもう一つの理由は，都市的生活を解明するために，従来の生活構造論を整理する必要があったことがあげられている。都市的生活の解明にあたって，これまで 2 つの議論があり，第 1 は三浦（1986）の議論の中でも紹介したような，都市的生活について個人を準拠として示す生活構造論（倉沢 1968；鈴木 1978），第 2 は地域社会・住民を準拠として示す都市的生活様式論（倉沢 1977）であり，この 2 つが相補的な役割を果たすことにより，都市的生活の解明が可能になると森岡はいう（森岡 1984：78-9）。
11) なお各章で提示する事例は，アルファベットで示しているが，章ごとのアルファベット（事例）は一致しない。

第2章

障害児の母親はどのようにとらえられてきたのか
——社会学研究のレビュー——

　本章は，障害児の母親に関する先行研究を整理する。障害児の家族や母親に関する研究の歴史は浅く，障害当事者の研究に比して後発である。しかし蓄積が少ないとはいえ，これまでに重要な知見は導き出されている。本書で研究対象としている障害児の家族は，日本の社会学領域においてどのように議論され，どのような知見が導き出されているだろうか。この章では，その論点を整理する作業を試みたい。なおここでとりあげた論者たちの研究対象について，子どもの障害の種類は必ずしも共通してはいないが，本研究では母親として共通の立場を持つものと想定し，レビューを行う。

1. 近代家族の文脈からとらえられる障害児の家族

　障害児の家族に対して学術的注目が向けられはじめたのはそう古い話ではない。領域としては医学・心理学領域，社会福祉学が先行し，社会学領域は後になって登場する。それらの社会学研究では，当初，近代家族というコンテクストにおいて，論じられてきた。

　岡原正幸は，制度としての愛情を結合原理とする近代家族において，障害者と親たちは，家族関係の中に囲い込まれることを指摘している（岡原 1990 [2012]）。閉鎖的情緒空間の中で，障害者の自立は阻まれ，一方で親たちは子殺しなどの悲劇に帰結することもある。岡原は，閉じられた関係性に囲まれるがゆえに，脱家族の考え方が生まれたと論じている。脱家族論は，1970年代から脳性マヒ者を中心とする当事者の社会運動に端を発し，自立生活運動の中で生まれた

ものである。脱家族論が展開された背景にある障害児と親の関係について，岡原は，次のように記述している。

> 親は，無条件の愛を注いでくる。その愛情はいつでも子供にまとわりつき，子供がなすすべてを囲い込む。そこでは，自分一人という契機が与えられない。(中略) もちろん，子供はいろいろな状況で「自分」を主張する，確かに主張する。しかしながら，親の愛情はこの主張それ自体をも高みから取り込んでしまい，決して主張する子供を一人にはさせておかず，いつでも，やさしい監視のまなざしを子供に向けるのである。それが子供の自立を阻害する。(岡原 1990［2012］：128-9)

　つまり，障害児の親は，愛情のもとに常に子どもを監視し，子どもの自立に立ちはだかる壁のような存在であることが示されている。
　次に，障害児の親についてアイデンティティという視点から論じた石川准の議論を紹介しよう (石川 1995)。

> 障害児の親たちは，「障害児の親」というレッテルをアイデンティティとすることを拒否しようとして子供の障害を否定する。しかし，「障害児の親」は，それを恥じるにせよ誇りと感じるにせよ，やがてはもっとも中心的なアイデンティティとして引き受けられていく。「障害児の親」を拒否することで存在証明を守ろうとしていたのを止めて「障害児の親」として適切にふるまうことによって再び存在証明を達成しようとするのである。(石川 1995：36)

　石川によると，障害児の親たちは，障害児を拒絶する方法でアイデンティティを形成しようとする方策から，「障害児の親」たることを自らのアイデンティティとして獲得するように変遷する。また上記にある「障害児の親」としての適切なふるまいとは，近代において母親に要求されるものを拡大したもので

あり、「愛情深い親であること、子どもの育児と世話に責任を持つ親であること、子どもが社会の迷惑にならないように子どもの監視を怠らない親であること」（石川 1995：36）があげられている[1]。こうしてアイデンティティの側面を照射する石川は、障害児の親が近代家族の母親として、その存在証明を示すことを指摘している。

　これらの研究は近代家族の枠組みにそって障害児の親が解釈されており、障害児の親たちが愛情に基づく閉鎖的空間に囲い込まれる問題や近代家族の母親アイデンティティに帰結することが示される。一方、近代家族の枠組みに加え、新しい視点を提示したのは要田洋江である（要田 1999）。要田の論考は、日本における障害児家族の体系的研究の嚆矢と位置づけられており、特に障害児の母親たちが差別されていることを改めて見出した点に重要な意義がある。障害児の親に対する差別は、「『さまざまな差別』の複雑な関係から生まれる」（要田 1999：3）ものとしてとらえられており、日本の社会構造の2つの側面からその現象が解明される。第1の側面は日本の日常生活世界における差別のメカニズム、第2の側面は家族制度と社会福祉システムという社会制度が作り出す差別構造である。

　まずは、私たちの日々の生活において「障害者」と「健全者」が区別されており、「健全者」による「障害者」への差別の仕組みがあることが指摘される。「健全者の論理」と表現されるその仕組みには、「『障害児は社会の迷惑だ』という〈障害者差別の枠組み〉」（要田 1999：63）が含まれており、それゆえ障害児の親たちには、わが子に対するととまどいやショックがもたらされる。そしてこのとまどいは、「親たちが"差別される対象"であると同時に"差別する主体"でもあるという、両義的な存在」（要田 1999：27）たらしめるという。なぜ親が差別する主体となるのか。そのメカニズムは、日本社会における「世間」の枠組みから説明される。要田は、「多くの差別的行為は、『人々の世間から排除されないよう』意識して行動する生き方が引き起こす（のではないか）」（要田 1999：95）という視点を提示する。そして「『世間』の常識から言えば間違いなく劣位に位置する」（要田 1999：102）障害児の家族は、「わが子に障害があるこ

とを隠す行為」（要田 1999：102）を選択する。こうして障害を隠し，わが子を恥じることが，わが子を差別する具体的な次元として説明されている。第 2 の社会制度のパースペクティブからは，日本の社会福祉システムが「家族集団単位の残余的福祉モデル」（要田 1999：12）であることの問題が指摘され，「女性や障害者への冷淡さは，まさに日本の『家父長制』の性格からくる」（要田 1999：12）ことが示されている。

　要田の功績は，何より差別される存在という文脈において障害児の親たちをとらえようとした点であろう。要田研究は，障害児の親を世間から「差別される存在」と同時に，障害児を「差別する存在」という両義的な存在として位置づけた点でよく知られている。しかしここで示された重要な点は，まずは障害児の親が差別の客体である点であり，むしろ差別の主体となることは，それに付随したこととしても解釈できる。要田自身も「〈障害者差別の枠組み〉とそれを支える日常の知識は，障害児・者本人と母親を排除している」（要田 1999：67）と述べ，母親は，「もっとも差別される立場から逃れなれない位置にいる」（要田 1999：67）という。障害の当事者のみならず，障害者の家族が差別される立場におかれる事実への着目は，社会学的に重要な発見であったといえる。またそうした差別が生み出されるメカニズムを近代家族論にとどまらず，「世間」といった日本社会固有の概念に起因するものとして論じた視点も目新しいものであった。さらに社会福祉制度の問題にまで及び日本社会を俯瞰的にとらえる中で論じたのは，論文集としての本著が上梓されて 20 年以上を経た現在でも新鮮に映る。

　これら初期の障害児の家族研究は，近代家族論に基づくものとして評価されている。近代家族やそのジェンダーの構造において，子育てのエージェントである母親は，障害児とともに閉鎖的な空間に囲い込まれ，そして世間や社会に迎合しアイデンティティを変遷せざるを得ない。また健全―障害の 2 つの区分が厳然としてあり，劣位的立場において差別を受けている障害児とともに，世間に辱めを受け，差別を受ける存在として位置づけられる。ひいては差別する主体ともなっていくのである。

2. 当事者との関係性から障害児の母親をとらえる視点—抑圧的な主体として—

　近代家族論に基づく障害者研究をさらに発展させようとしたのが土屋葉である（土屋 2002）。土屋は，前掲の岡原（1990 [2012]），石川（1995），要田（1999）の研究を近代家族論やジェンダーの視点に基づいた研究と位置づける。また「家族という空間がある家族成員，ここでは障害者や母親に対して抑圧的に働くこと，また母親に対して働く愛情規範が存在し，これに起因して母子の囲い込みの構造がつくられる」（土屋 2002：39）という知見を導き出したことを評価しつつ，不足点があると批判する。不備であるのは，「被介助者を含めた当事者の視点，二者間の相互作用をとらえる視点」（土屋 2002：43）とされ，土屋自身はこの 2 つの視点を包含する「家族のリアリティ」を分析対象とする。「家族のリアリティ」とは，「行為者の主観的な意味付与を，行為者の意図や意味や経験に関連付けて把握する」（土屋 2002：120）ものであり，分析の結果，土屋が「障害児の母親」のリアリティとして描き出したのは，「訓練を施す母親」，「介助する母親」という側面であった。

　「訓練を施す母親」とは，「機能回復を至上命題とする医療機関」（土屋 2002：175）から求められるものである。医師や看護士などの専門職においては，子どもに対して熱心に訓練を施すことが正統性を持つものとみなされている。「介助する母親」とは，「子どもの日常生活全般について世話をする役割」であり，「通常成長すれば行わなくなる食事，排泄，風呂など生活すべての面に関わる世話が，継続して必要な—より労力を要する—介助として現れてくる」（土屋 2002：166）ものである。これらの側面は障害児の母親となると同時に外部から要請される。そして多くの母親たちはこれらの役割を引き受け，「子どもへの罪責感や，アイデンティティの拠りどころという認識とともに，自らのリアリティとして構成していた」（土屋 2002：214）。さらに「『子どものために〜するのは当然』として，子どもの行動への介入を是認し，介助場面に摩擦を生じさせていた」（土屋 2002：215）など，「子どもに対しても抑圧的に作用する構造」（土屋 2002：215-6）も明らかにしている。

　土屋の功績は，関係性に重きをおいたこと，特に当事者の主観的な視点に踏み込んで，障害者家族の関係性をよりリアリスティックに描き出した点であり，「親と子どもそれぞれの認識，解釈が，介助関係に生じる摩擦に大きくかかわっていること，相互作用のなかで摩擦が生起すること」（土屋 2002：216）を明らかにした。また相互作用における摩擦に関しては，抑圧する主体としての母親も見出されている。この主観的な視点を含めた分析は，より障害当事者と家族の内実に迫るものであろう。しかし，当事者と母親の関係性に偏重した分析から導き出された知見としてもとらえられる。藤原里佐が，土屋は介助関係が含まれる「身体障害者」を対象に分析を行っているがゆえに，分析が「内面的なものに傾斜している」（藤原 2006：16）と指摘しているが，これは妥当な見方であろう。また母親の抑圧性は，そうした介助関係から生起するものともとらえられるのである。

3. 当事者との関係性における新たな視座—ケアへ向かう力—

　中根成寿もまた，当事者との関係性において障害児の家族をとらえようとする（中根 2006）。中根の研究対象は，知的障害者家族であり，知的障害を持つ当事者と親との関係，知的障害者家族の親と社会の関係の2つの関係性において論じられる。[2]

　中根が導き出した新たなポイントは，障害児の親にみられる介護者への強い指向性（中根 2006：164）である。中根は「特に子どもの成人後も家族によるケアを継続したいと願う語り」（中根 2006：164）に着目し，「親のケアに対する独特の感覚」（中根 2006：146）として「ケアへ向かう力」という言葉で表す。「ケアへ向かう力」は，「愛情や罪悪感から発生したケアの動機のことであり，社会との相互作用や子どもとの身体的関わりと共に親自身に内面化され，それが親自身のアイデンティティと結びつくことにより，強化される」（中根 2006：147）。一方で，そうした家族によるケアには，時間の経過や親の高齢化によって実質的にケアができなくなるという特性，すなわち「時間の限界性」という脆弱さ

がある。さらにこの「ケアへ向かう力」そのものは，ケアの社会化への違和感を生じさせているという。ケアの代替を人に任すことに不安を感じるということであろう。こうして，中根は，「家族によるケア」から「社会によるケア」へという単線的移行に警鐘を鳴らしており，ケア関係の特質を踏まえた議論の必要性を提起している（2006：164-5）。

　これに応答するものとして，「ケアの社会化」に代わり，「ケアの社会的分有」という概念が提起されている。中根によると「ケアの社会化」とは，「ケア行為のすべてを外部に委託することであり，現実的には社会化しえぬものも含んでいる」（中根 2006：147）。一方で「ケアの社会的分有」は，「ケアを外部化できるものとそうでないものに分け，家族も含めた多元的なケアの担い手により分け有することである」（中根 2006：147）。中根は当事者との関係性を見ることを通し，障害者の親であることの意味づけを新たに付与し，またケアをめぐる課題について考察している。

4.　障害児福祉の実現主体としての母親たち─社会制度に埋め込まれる─

　最後に本章で扱う論点は，障害児の母親が障害当事者の福祉実現の役割を担っている，というものである。

　春日キスヨは，障害児の親や家族の有する立場性として，「障害児の発達を保障する支援者，もしくは，それを阻害する加害者としてのみとらえられる傾向」（春日 2001［2015］：78）がある，という。加えて，現代日本の福祉制度は，「『家族愛』を家族の自明の本質として，制度の基盤にそれを組み込んでつくられている」（春日 2001［2015］：106-7）ことも指摘している。さらに重症心身障害児の親の調査から，母親は家族の「自助」規範，「愛情」規範のもとに，「自分自身を奪われ，子どもを別の人格をもった他者と認めることができないほど深く子どもに包絡されてしまう」（春日 2001［2015］：111）という母子一体化を強いられていることが示される。障害児の母親は，「子どもに対する加害者である以上に，障害児と同様，この社会の仕組みによって深く奪われている存在」（春日

2001［2015］：112）となる問題を明らかにしているのである。こうした春日の主張点は，「障害児福祉と家族福祉は相即してすすめられればならない事業である」（春日 2001［2015］：114），と結ばれる。すなわち家族や親に対する福祉サービスの確立が要請されている。愛情規範のもと，母親がケアすることを自明視する近代家族が制度にとりこまれていることを問題視する議論といえる。

　藤原里佐もまた，障害児の母親が障害児の福祉の実現主体であることを指摘する（藤原 2006）。藤原による障害児家族，特に母親の分析は，社会福祉におけるジェンダー・アプローチを障害児家族においても採用すべきだという視点（藤原 2006：28）を持ちつつ，重度障害児の母親の実態について考察するものである。また家族の意識ではなく，「家族の生活を規定する社会的な側面を分析する」（藤原 2006：47）というように，生活実態に迫る点にその独自性が認められる。

　藤原が見出した障害児の福祉や教育をめぐる実態は，「療育や教育機関が子どもの発達と障害の軽減化のために，母親を巻き込んでのプログラムを展開してきた」（藤原 2006：76）ことに基づき，母親依存の状況として明らかにされる。また藤原は障害児の育児の実態について，障害児でない場合の育児と比較して以下のように述べる。

　　育児一般と比較しても，障害児の養育に伴う質的・量的な負担は顕著であり，母親もそれを自覚している。その上で母親は育児の疲労感や介護の負担感を内面化し，障害児の母親であることに伴う様々な状況を受け入れようとしているのであり，障害児の生活を第一義的に考える上で，自分のことには特段注意を払わぬまま，無理と矛盾を抱え込んでいるのである。なぜなら，医療や看護を日常的に必要とする子どもは，家族に手厚くケアされることで家庭での生活が可能になり，母親がその複雑で多岐にわたるケア役割を負うことが在宅生活の条件になっているからである。（藤原 2006：34）

こうして障害児の生活は，母親の「トータルなケア」を前提として成立することが述べられており，子どもの専門家としての母親像，子どもとの献身的なかかわりを持つ母親像が描かれている。

5. まとめ

　以上，日本における障害児の母親に関する代表的研究についてみてきた。先行研究で示されている知見は，以下のようにまとめることができるだろう。第1に母親たちは近代家族における母親役割としてケアや世話を行っている。母親たちにとって，近代家族の枠組みにおける母親責任を担うことは不可避のことであり，ケア役割を自ら積極的に，また排他的に引き受けている。またそうした母親役割は愛情という名のもとに閉じた関係で遂行されている。第2の知見は，母親たちは，障害の当事者である子どもとともに，差別されており，社会から蔑みの眼差しが向けられる存在であるというものである。さらに差別される対象であるとともに，子どもを自ら差別する主体となることも指摘されている。第3には，ケアや世話役割を排他的に行う中で，当事者との相互作用において摩擦が生じ母親から子どもに対する抑圧性が生じることも考察されていた。同じく当事者との相互作用を通して，他と代替することへの懐疑性も含みケアへの強い志向性も生み出されている点は，重要な第4の知見と言えるだろう。そして最後に示した論点は，母親が社会の中で，障害児福祉実現の主体として制度的にも位置づけられている，というものであった。

　筆者はかつて育児支援や育児ケアラーの研究を実施しており，障害児の家族は，育児の社会化や育児を支える支援の網の目からこぼれ落ちていると感じてきた。本章でみてきた研究からは，この背景について，答えが見出せるように思う。近代家族の枠組みにおいて，母子一体化し，子どもとともに差別の眼差しを向けられる中で，母親にはケア役割が排他的に与えられている。そしてその役割を果たす中で，母親たちは子どもに対し差別する主体となり抑圧的な主体となり，あるいは，他にはとってかわることのできないというケアへの指向

性を獲得していく。加えて障害児の福祉を実現するための役割も社会から要請される。これまでの研究からは，障害児の家族が育児支援の網の目からこぼれ落ちる社会的要因として，近代家族の枠組みが残存し母親役割が強まること，障害児の福祉的主体として母親が位置づけられており，母親のケアを前提に障害児の生活が成立している枠組みがあることが指摘できる。母親は支援する対象なのではなく，子どもを支え，世話をする主体なのである。

　しかしこれらの研究だけで障害児の母親がおかれている生活実態の全貌は明らかにされていないだろう。これまでの研究を再度確認すると，障害児の母親が，近代家族の枠組みにおいてケア役割が強化されていくこと，また世間というものにより差別のただ中におかれることが示されている。加えて，障害の当事者との関係性から鋭くその実態が明らかにされ，抑圧性や，ケアへの強い指向性といった論点があぶり出されている。これらは社会における母親としての立場性や二者間の関係性に重きがおかれている。つまり社会全体における立場性や母親自身の自己同定，親子間の相互作用の考察が中心であった。

　こうした研究に不足していた視点は，生活構造論的な枠組みであろう。本章でとりあげた論考の中では，藤原が家族の生活実態に着目し，母親の生活を規定する社会的側面の分析を試みている（藤原 2006）が，主に子どもが接する社会との接合点が取り出され，母親と社会との接合を包括的に論じられているとは言えない。障害児の母親たちが，社会のどのような接点において，またどのような集団や関係性において，どのような問題を抱えているのか，という生活全般を視野にいれたような研究は行われていないのである。また母親自身に立ち現れる生活問題に対して，どのように解決しようとしているのか，という視点もみられない。今後の障害児の家族支援の枠組みを検討する上でも，こうした視点での研究が必要に感じたことが，後続の章の分析へとつながっている。

注
1)　一方で現代家族においては，こうした障害児の親の適切なふるまいとしての役割期待から距離をとりつつある傾向も述べられる（石川 1995：40）。
2)　中根は父親に関しても論じているが，本稿では母親の分析を主に取り上げる。

第3章

発達障害児の母親が抱える生活困難

　本章の目的は，発達障害児の母親の生活困難を明らかにすることにある。第2章で示した通り，これまでの障害児の母親研究においては，近代家族の枠組みの中でケア役割を果たしていること，障害児と同様に差別されていること，障害児との関係において抑圧性やケアへの強い志向性があることが明らかになっている。一方で，障害児の母親が生活を送る上で，どのような生活問題を抱えているのか，という点は扱われてこなかった。本章では，生活を包括的にとらえ，発達障害児の母親たちが，どのような問題を抱えているのか，という点に焦点をあて，分析を試みる。

1. 発達障害児の母親の生活実態にかかわる先行研究

　発達障害児の家族に関する国内の研究は，障害の受容過程やストレス論など認知や意識に関する研究が先行しており，その蓄積が多い。広汎性発達障害児などの母親は育児ストレスや疲労感が大きいことを示す研究（渡部ほか 2002）や，自閉スペクトラム症の子どもの母親が，子どもの特性や診断名に戸惑い受け入れることに揺らぎがあることを明らかにした研究（草野・津島 2021）などがみられる。またそうした認識や意識の実態について，より具体的なレベルで解明しようとする研究もみられ，例えば，発達障害児の母親は，親としての自信のなさや不自由さによるストレスよりも，子どもの行動特性に関する育児ストレスが高いという結果が導き出されている（刀根 2002）。海外においても，親の心的側面にアプローチしたものが研究の中心をなしている。また，単純な要因

分析でそのストレスの発生過程を解明することは困難であり，その構造を複合的プロセスからとらえる必要性が指摘される（Raina et al. 2004）など，研究内容の深まりがみられる。こうして発達障害児の家族が抱える心的側面における研究蓄積は進みつつある。しかし生活上の困難さや問題などを包括的にとらえようとする視座はあまりみられない。自閉症児の母親を対象とする久保紘章らの経年的研究（久保 1975, 1984, 1994）や，情緒障害児・発達障害児を養育する親のエンパワーメント・プロセスを扱った研究（Wakimizu and Yoneyama 2010）を除き，研究蓄積がほとんどないのが現状である。

　以上の研究動向をふまえ，本章では，母親の生活困難の包括的な把握をめざすことを目的とする。なお生活困難の定義としては，「生活していく上で生じる苦しみや苦悩」と規定しておく。また本章においては，生活困難に関する研究蓄積があまりないことをふまえ，探索的分析によって上記の課題にアプローチする。

2.　研究方法

2.1　調査の方法

　本章は，母親が抱えるあらゆる生活困難について探索的に見出す手法をとることから，当事者同士の自由な語りを分析することとし，複数の研究協力者が設定の時間内において任意に発言してもらう形式の調査を実施した。

　調査の経過についてであるが，まず発達障害を主とする子どもの家族会（団体 A）の会長から調査の許可を得た。その後，団体 A における総会の場で調査の協力を求めた。その際，研究の目的，方法，成果の発表方法，あわせて人権擁護に向けた配慮を具体的に説明し，加えて上記を記した文書を配布し，文面による理解も得た。また実際の調査は複数回実施しており，毎回の調査開催期日の前に，その都度団体 A のホームページや組織会員に対するメールを通した案内を行い，参加者を得た。調査期間は 2011 年 5 月から 2012 年 3 月であり，おおよそ月に 1 度のペースで計 10 回実施した。なお，第 1 章でも述べたように，

この調査の場は，団体 A の保護者の居場所となる茶話会の活動とも重なっている。団体 A のホームページでは，茶話会の案内として，以下の文章が記されており，母親を中心に悩みを話し合ったり，安心してほっとできる居場所づくりの活動であることが示されている。

当事者さん，保護者さん，支援者さんが集まってお話をしています
自分の事や子どもさんの事，悩んでいる事や困っている事
こうしてみたらうまくいった事など，皆さんと情報交換しています
先輩お母さんも来られるので，アドバイスや経験談も聞けますよ
お話をしなくても，皆さんのお話を聞くだけでも良いと思います
きっと「自分だけじゃなかったんだ」と思えます
自分を責めることではなく
これからどうしたら良いかを一緒に考えていけると良いですね
力を抜いて集える場所に感じて下さると嬉しいです

(団体 A ウェブページより)

それぞれの調査実施にあたっては，調査の冒頭において上記に記した研究の目的等についての説明を再度行い，研究協力者が十分納得し，理解を得られた場合のみ，調査を実施した。毎回の調査で配布した文章は 2 種類あり，資料3-1 が団体 A としての茶話会の案内，資料 3-2 が研究協力についての依頼文書となっている。なお団体 A の名称等については，被覆している。

調査時には，当事者同士の自由な語りを分析するという研究の趣旨に基づき，子どもの年齢，障害種別などを含み，一人ひとり自己紹介を行ってもらった後，生活上，困っていることなどを自由に話してもらうよう依頼した。調査時間は1 回の調査において 2 時間程度である。なお調査内容は，研究協力者の了解のもと，IC レコーダーによる録音を行っている。

本章に関わる調査，研究の実施にあたっては，宮崎大学教育文化学部研究倫理委員会の承認を得た。

資料 3-1　茶話会の案内

平成 23 年度 4 月 24 日

████████会員および関係者の皆様

宮崎大学教育文化学部家政教育講座
山下亜紀子

████ 茶話会へのお誘い

　陽春の候、皆様方におかれましてはますますご清栄のこととお喜び申し上げます。
　さて、今年度の████████の事業の一環として、月 1 回の茶話会を実施させていただくことになりました。皆さまがほっとできるような、そんな時間をつくることができたらと願っています。お菓子とお茶を召し上がっていただきながら、お子さんから離れて、お話する時間としたいと思います。お昼の部と夜の部を隔月で開催いたしますので、ご都合のいい時においでください。また、託児もありますので、どうぞお気軽にご参加ください。
　なおこの茶話会でお話された内容について、行政支援などの一助となるよう、研究発表を行う予定です。そのための記録として録音をさせていただきたいと考えておりますのでどうぞよろしくお願いいたします。もちろん、個人が特定されるようなことは決してありませんので、ご安心ください。
　茶話会の詳細は、████████のホームページやメールを通じて、毎月のご案内もいたしますが、現在決まっている詳細は下記の通りです。たくさんの方の参加をお待ち申し上げております。

記

1.開催日時：月に 1 度（2 時間程度）
　　昼の部：6 月 3 日、7 月 29 日、10 月 7 日、12 月 2 日、2 月 3 日（13 時〜15 時）
　　夜の部：5 月 13 日、7 月 1 日、9 月未定、11 月 4 日、1 月 6 日、3 月 2 日（19 時〜21 時）
2.会場　　：都城市総合社会福祉センター
3.参加者：事前に申し込みをされた方
　　申し込み先：██████会長 ████さん
　　（████████ 携帯メール：t████████████）
4.その他：参加料はありません。
　　　　　託児も無料でご利用できます。
＊なお開催日時は、変更の可能性があります。
　改めて毎月のご連絡をさしあげますので、その点ご了承くださいませ。

文責：山下亜紀子
宮崎大学教育文化学部家政教育講座
〒889-2192　宮崎市学園木花台西 1-1
Tel：0985-58-7546（研究室）
e-mail：akiko-y8@cc.miyazaki-u.ac.jp

平成 23 年度 9 月 1 日

███████会員の皆様

宮崎大学教育文化学部家政教育講座
山下亜紀子

研究協力のお願い

　初秋の候、皆様方におかれましてはますますご清栄のこととお喜び申し上げます。
　さて、今年度、███████会員の皆様を対象に、座談会形式の調査を下記の通り、実施させていただくことになりました。研究の趣旨をご理解の上、ご協力いただきますよう、お願い申し上げます。

記

1．研究の目的について
　本調査は、障害児のご家族の方々が抱えておられる問題を把握し、今後の支援方策を検討する研究の一環で行われるものです。調査で得られた内容をもとに、学会の場における研究発表を行います。

2．調査の方法について
　調査は、月に 1 度、都城市総合社会福祉センターで行います。お子さんから離れて、日ごろ抱えておられる悩みや困っておられることを自由にお話いただければと存じます。お話いただいた内容は、記録として録音をさせていただきます。調査時間は 2 時間程度を予定しています。

3．お約束について
　この調査への参加は自由意思によるものであり、参加の諾否によって不利益を被ることは一切ありません。また個人情報やプライバシーの保護については、万全を期します。調査させていただいた内容に基づく研究発表においては、人権に配慮し、また個人が特定されることがないようにいたします。もちろん、調査記録が研究目的以外に使用されることは決してありません。

・・・

　本研究の趣旨や調査に関し、ご質問のある方は下記までご連絡くださるようお願いいたします。皆さまのご協力をお待ちしております。　どうぞよろしくお願いいたします。

連絡先：山下亜紀子
宮崎大学教育文化学部家政教育講座
〒889-2192　宮崎市学園木花台西 1-1
Tel：0985-58-7546（研究室）
e-mail：akiko-y8@cc.miyazaki-u.ac.jp

2.2　研究の対象

　分析対象者は表 3-1 に示したように，上記の調査に参加した発達障害児の母親 22 名である。調査への参加者は，合計 24 名であった。団体 A における総会の場や 10 回の調査実施前に研究協力の依頼をした段階では，家族の属性や障害の種別等の限定はしていなかったが，調査に参加した家族は，すべて発達障害児の母親であった。また発達障害児の母親以外には，高校の教育相談担当の教員 1 名，ファミリー・サポート・センターの援助会員 1 名の参加者があったが，支援者としての発言が大半であったため，分析対象から除外し，22 名の母親の発言を分析対象とした。調査 1 回あたりの分析対象者数の平均は，5.5 名である。ケース A 〜 V のアルファベットは，発言がなされた順にふった。なお本章での調査実施は，2011 年〜 2012 年であるが，発達障害に関しては，2013 年に改訂されたアメリカ精神医学界の診断基準 DSM-5 に基づくこととし，知的障害（知的能力障害），コミュニケーション障害，自閉スペクトラム症（ASD），ADHD（注意欠如・多動症），学習障害（限局性学習症，LD），発達性協調運動障害，チック症を含むこととした（American Psychiatric Association 2022=2023；厚生労働省 2024b）。

　本章では，この 22 名の分析対象者における母親の困難さに関する語りを扱っている。上述したように，毎回の調査のはじめにおいては，生活において困っていることなどを自由に話してもらうよう依頼した。これにより，発言の多くが生活困難に関することであったが，ただし自由な語りの場ゆえに，問題対処の行動や方法など生活困難以外の発言も一部みられた。しかし今回の分析は研究の趣旨に基づき，生活困難に関する発言のみを扱い，その他については，別途，第 6 章等で検討することとしている。

　表 3-1 に示した通り，分析対象者は複数の発達障害児の母親であるケースもあり，発達障害の子どもの数は合計 29 名となっている。このうち年齢は，7 歳未満の未就学の子どもが 5 名，7 歳以上 13 歳未満の小学校に通う年齢に相当する子どもが 11 名，13 歳以上 16 歳未満の中学校に通う年齢に相当する子どもが 7 名，16 歳以上 19 歳未満の高等学校に通う年齢に該当する子どもが 6

表3-1 分析対象者の一覧

調査日 / ケース	① 2011.5.13 参加者	② 2011.6.3 参加者	③ 2011.7.8 参加者	④ 2011.8.9 参加者	⑤ 2011.9.9 参加者	⑥ 2011.10.7 参加者	⑦ 2011.11.11 参加者	⑧ 2011.12.2 参加者	⑨ 2012.1.10 参加者	⑩ 2012.3.2 参加者	子ども(障害児のみ)の年齢・性別	障害の分類
A	○	○		○	○	○	○	○	○	○	14歳・男児	知的障害
B	○		○						○	○	16歳・女児 / 14歳・女児	自閉スペクトラム症 / 自閉スペクトラム症
C	○		○		○	○	○		○		18歳・女児 / 14歳・女児	自閉スペクトラム症 / 自閉スペクトラム症
D	○										18歳・男児 / 17歳・女児	自閉スペクトラム症 / 自閉スペクトラム症
E	○			○							12歳・男児	自閉スペクトラム症
F	○	○						○			12歳・男児	自閉スペクトラム症
G	○										13歳・男児 / 11歳・女児	自閉スペクトラム症 / 自閉スペクトラム症
H	○	○	○			○					12歳・男児 / 6歳・男児	自閉スペクトラム症 / 自閉スペクトラム症・ADHD(注意欠如・多動症)
I	○										14歳・男児	自閉スペクトラム症
J	○										14歳・女児	知的障害
K		○					○				13歳・男児	自閉スペクトラム症
L		○									16歳・男児	知的障害
M				○		○					5歳・男児	自閉スペクトラム症
N				○		○	○				9歳・男児	自閉スペクトラム症
O				○							16歳・男児	学習障害・自閉スペクトラム症
P				○		○				○	6歳・男児	自閉スペクトラム症
Q					○						6歳・男児	自閉スペクトラム症
R					○						9歳・男児 / 6歳・男児	自閉スペクトラム症 / 自閉スペクトラム症
S							○	○	○	○	10歳・男児	自閉スペクトラム症・知的障害
T						○					11歳・男児	自閉スペクトラム症
U								○			8歳・男児 / 8歳・女児	自閉スペクトラム症 / 自閉スペクトラム症・知的障害
V								○			7歳・男児	知的障害

＊　年齢は 2012 年 3 月時点のものとした。

＊＊　障害の分類は，調査中の発言をもとに，DSM-5 の基準にそって記載した。

名である。性別については，21 名が男児，8 名が女児である。発達障害の分類
については，自閉スペクトラム症のみの子どもが 21 名，自閉スペクトラム症
を含み複数の診断がついている子どもが 4 名，知的障害のみが 4 名である。な
お表 3-1 を含め，これらの診断名は，調査の中で，いずれも医療機関におい
て診断されたとして発言されたものを，DSM-5 にそって再度分類を行ったも
のである。例えばアスペルガー症候群は，自閉スペクトラム症とする方法によ
って記載している。

2.3　分析の方法

　分析方法はデータにおける意味の探索的分析を行う質的手法として，佐藤郁
哉による質的データ分析法（佐藤 2008a, 2008b）を採用し，以下のプロセスを経
ながら進めた。まず第 1 に録音データを逐語録として文書化し，逐語録化した
テキストデータから，母親の困難さへの語りを抽出した（セグメント化）。第 2
に分析の最小単位としての定性的コードを割り当てていった（オープン・コー
ディング）。その後，第 3 に，それらをより抽象度の高い焦点的コードに置き
換える作業を行った（焦点的コーディング）。第 4 にそれらコードから，概念的
カテゴリーを生成した。最後に，概念的カテゴリーをもとに概念モデル化を行
った。コード化にあたっては，繰り返しチェックを重ね，妥当性，客観性の担
保に努めた。

　さらにこのプロセスにおいては，事例 - コード・マトリックスを作成し，デー
タとの往復を繰り返し，修正を試みる中で，一定のパターンや規則性を割り出
していくことに努めた。最終的に作成された事例 - コード・マトリックスは表
3-2 に示している。なおケース G，U については，生活困難についての発言が
見出されなかった。以下，定性的コードについては ［　　］，焦点的コードにつ
いては【　】，概念的カテゴリーは〈　　〉で示す。

表 3-2　事例 - コード・マトリックス

ケース	障害児の言動による生活の混乱	子育てモデルがなく，試行錯誤している状況	支援環境との物理的・心理的距離感	良好ではない周囲との関係性	日常的に生じる心理的負担感や葛藤
A	暴力・パニック，心身の健康	思春期への対応，学校・学級選択	学校・幼稚園・保育園	周りの保護者	覚悟・諦観，理性の喪失，障害受容の困難さ
B	仕事，暴力・パニック，こだわり，生活時間，心身の健康	子どもへの対応，学校・学級選択	医療機関，学校・幼稚園・保育園	夫，教員	覚悟・諦観，理性の喪失，拒絶と罪悪感
C	仕事，暴力・パニック，こだわり，生活時間，心身の健康	子どもへの対応，思春期への対応，学習支援，学校・学級選択	医療機関，専門機関，学校・幼稚園・保育園	夫，周りの保護者，教員	覚悟・諦観，理性の喪失，拒絶と罪悪感
D	仕事，暴力・パニック	子どもへの対応，学習支援，学校・学級選択	医療機関，専門機関，学校・幼稚園・保育園	夫	理性の喪失，拒絶と罪悪感
E	暴力・パニック	子どもへの対応，学習支援	専門機関	周りの保護者	覚悟・諦観，理性の喪失，障害を隠したい気持ち
F	生活時間	学習支援，学校・学級選択	学校・幼稚園・保育園	教員	理性の喪失，障害受容の困難さ
G					
H	生活時間，心身の健康	子どもへの対応，学校・学級選択	専門機関	夫	理性の喪失
I	心身の健康	子どもへの対応，思春期への対応，学校・学級選択			
J	暴力・パニック	子どもへの対応，思春期への対応，学校・学級選択	専門機関，学校・幼稚園・保育園	夫，教員	理性の喪失，拒絶と罪悪感
K	生活時間	思春期への対応，学習支援	学校・幼稚園・保育園	夫，教員	
L		子どもへの対応，学習支援，学校・学級選択	専門機関，学校・幼稚園・保育園	教員	覚悟・諦観，理性の喪失
M	生活時間	子どもへの対応	専門機関，学校・幼稚園・保育園	夫，周りの保護者	理性の喪失，障害受容の困難さ，障害を隠したい気持ち
N	生活時間，心身の健康	学習支援，学校・学級選択	専門機関	周りの保護者，教員	障害を隠したい気持ち
O	仕事，暴力・パニック，生活時間	子どもへの対応，学校・学級選択	学校・幼稚園・保育園	夫	障害を隠したい気持ち
P	仕事	子どもへの対応，学校・学級選択	学校・幼稚園・保育園	夫，周りの保護者	理性の喪失，障害受容の困難さ，障害を隠したい気持ち
Q		学校・学級選択			
R		学校・学級選択			
S	生活時間	学習支援，学校・学級選択	専門機関，学校・幼稚園・保育園	教員	
T	仕事	子どもへの対応，学習支援，学校・学級選択	専門機関，学校・幼稚園・保育園		
U					
V	暴力・パニック	学習支援，学校・学級選択	医療機関，学校・幼稚園・保育園	教員	理性の喪失

3. 生活困難として抽出した5つの概念的カテゴリー

　分析の結果，母親の生活上の問題として，〈障害児の言動による生活の混乱〉，〈子育てモデルがなく，試行錯誤している状況〉，〈支援環境との物理的・心理的距離感〉，〈良好ではない周囲との関係性〉，〈日常的に生じる心理的負担感や葛藤〉の5つを概念的カテゴリーとして生成した。これらは表3-3（1），（2）に示した50の定性的コードと20の焦点的コードから構成されているものである。またその根拠となるデータを抜粋し，表3-3（1），（2）において「　」内に示した。なお分析対象者の子どものそれぞれの障害に基づく固有の問題についても論じる必要性があるが，本章では発達障害児の母親にみられる共通の問題を抽出するという立場から分析した結果を示した。以下，これら概念的カテゴリーについての説明を行う。

表3-3（1）　概念的カテゴリーおよびコード

概念的カテゴリー	焦点的コード	定性的コード	根拠となるデータ（抜粋）
障害児の言動による生活の混乱	仕事	・仕事を辞めざるを得ない ・仕事に支障がでる	「赤ちゃんからやっぱり大変だったので，仕事復帰とか，仕事っていうのを考えられない状況」（B：2011/7/8） 「やっぱり，車，目の前に来そうなのに行っちゃうとかあるので，ちょっとそこの状況判断がすごく難しいので，そこは1ヶ月休みをもらって，一緒に登下校して」（P：2012/3/2）
	暴力・パニック	・家のモノが壊れる ・暴力をふるわれる ・パニックを起こされる	「扇風機とか家電を結構壊したりとかして」（E：2011/8/9） 「ぎゃーぎゃー，わーわー荒れたり。うるせーばかやろうって，やっぱり言ったり，ガラス窓割ったりドア壊したり」（A：2011/8/9） 「すごいパニックで野宿しました，久しぶりに。朝の6時まで。」（C：2012/1/10）
	こだわり	・食のこだわりに行動が支配される ・外見のこだわりに生活が乱れる	「近くにコンビニがあるんです。もう，5分で買ってこれるんで，買って来いって言われると（子どもが欲しがる食べ物を買いに行っている）」（C：2011/7/8） 「裸体は肉があるわけです。すると家中の鏡を見えないようにしないといけないし。」（B：2011/7/8）
	生活時間	・昼夜逆転の生活を送る ・生活リズムが乱れる	「夜中の2時に睡眠薬が効かないと酔っ払い状態になって，そこからまたテンションあがって楽しくなっちゃって。」（B：2011/7/8） 「昼夜逆転，昼間起こすように。なるべく夕方は寝せないでくださいって，ね。朝起きれないのを怒るよりも，夕方を寝せないでくださいって言われて。もう，それがなかなかですねー。」（O：2011/8/9）
	心身の健康	・身体的不調を来す ・精神的不調を来す	「1人目は，なんかおかしかったかな。ま，産後うつとかも多分あったんだと思うんだけど。」（H：2011/7/8） 「もう昼夜逆転ではないんだろうけども，なんかもう，自分がもうきつくって」（N：2011/8/9） 「だから，病院行きだったもん，私」（B：2011/7/8）

子育てモデルがなく, 試行錯誤している状況	子どもへの対応	・障害特有の言動への対応がわからない ・コミュニケーションの方法がわからない	「ここはちゃんと言い聞かせるべきなのか, とりあえずなんか放っておいて落ち着かせるべきなのか」(M：2011/8/9) 「まだ自分も子どものことを全部わかってあげてる訳じゃないので, 実際どういうふうに子どもに接したらいいかっていうのでも, 戸惑いながらなので」(P：2011/11/11)
	思春期への対応	・思春期に起きる変化への対応がわからない ・性的な興味・関心への対応がわからない	「思春期に入ったりとかして, ちょっともうおかしくなってきてしまって。多分皆さんに比べて私は我慢が, なんだろ, 我慢ができてないんだろうな, とか, 自分ができてないだろって, すごい思うんですけど。もー, 一緒にいることにすごく耐えられなくなってしまって。」(J：2011/5/13) 「インターネットを, こう, オープンに使わせるのがすごく怖くて。で, 今すごくそういう思春期で, アダルトな部分もすっごく興味があるんですよ。」(C：2011/9/9)
	学習支援	・学習の支援に苦労する ・宿題の対応に時間がかかる	「あの宿題, だらっだら, するんですよ。(中略) だから, 下手すると2, 3時間漢字 (を) 書いてるんですよ。」(S：2012/1/10) 「毎日の宿題をさせるのが大変で」(S：2012/1/10)
	学校・学級選択	・就学前・小学校時の選択において悩む ・高校進学時の選択において悩む	「来年, 就学を迎えるにあたって, 普通クラスにいくべきなのか, 支援クラスにいくべきなのか今, ちょっと悩んだりしてる時期で」(R：2011/10/7) 「(高校を選ぶにあたり) 今のうちから将来のことを考えて行動しないとなあと思ってるけど, 私も何をどうしていいかわからない」(I：2011/5/13)
支援環境との物理的・心理的距離感	医療機関	・専門病院が遠い ・専門医が少ない ・予約が取りづらい ・医師に頼りづらい	「落ち着くまでは毎日 (1時間くらいかけて) 宮崎まで通って一緒に過ごしたんですけど」(D：2011/5/13) 「来週 (医師に) お会いするんですけど, 予約が取れなくて1月半とかかかるんですけど。」(C：2011/7/8) 「(診察で, 子どもと親と) 別々に時間取ってくれないから。しかも, 一緒に行って, すぐ終わるから, 薬もらいみたいな感じで。」(B：2011/7/8)
	専門機関	・予約が取りづらい ・対応に不信感を抱く	「(自治体の子ども発達支援センターの検査は) まだ多分予約が詰まっていて無理じゃないかって, ○○ (子ども発達支援センター) の先生には言われたんですけど。」(M：2011/8/9) 「どういう検査をするっていうのって, 見せてもらえないですよね。私は見せてもらいたかったんですけど。」(N：2011/11/11)
	学校・幼稚園・保育園	・教員の継続性が確保できない ・教員の資質で対応が異なる ・要望を受け入れてもらえない	「再来年が中学校なので, うん, そいで, 無事にちゃんと引き続いてもらえるのかうかっていう心配もちょっと今はあるんですけど。」(T：2011/11/11) 「校長先生でも違うし, コーディネーターの先生でも全然変わる」(A：2011/9/9) 「黒板を写真に撮るとかっていう支援を学校側が理解してくださるんだろうか, というところが, とっても心配で。話 (を) しに行っても, それはわがままですねとか, それはちょっとこうあの特別扱いしすぎですね, みたいに言われることはちょっと予想はしてるんですけど」(F：2011/12/2)

表 3-3（2）　概念的カテゴリーおよびコード

概念的カテゴリー	焦点的コード	定性的コード	根拠となるデータ（抜粋）
良好ではない周囲との関係性	夫	・仕事が忙しいため，大変さがわからない ・障害について理解できない ・障害を受け入れようとしない	「主人は，もう仕事に行ってて，それをわからないわけですね。その時パニックになって暴れて，もうほんとに親子して格闘してるのにわからってくれない」（D：2011/5/13） 「診断おりた時には，（夫は）いや普通だから大丈夫って，絶対普通級にって言ってたんですけど。」（P：2011/9/9） 「主人も最初は，受け入れられずに…。もう，やっぱり父親，自分と同じに考えちゃって，もうね，殺してやりたいっとか。あぁ，こんな子生きてる価値もないとか。」（O：2011/8/9）
	周りの保護者	・冷たい視線がある ・親密になることができない ・対面時の憂鬱さがある	「周りからきつい目があるのも，こうわかってて，やっぱりこう通常学級に入れて。」（A：2011/8/9） 「上のお兄ちゃんの学年では，んー，腹をわって話せるって人が正直いない。ま，すごい親しくしてくれて，声かけてくれる人，いっぱいいるけど，やっぱりどっか，どっか遠慮がある。」（E：2011/8/9） 「んー，すごく参観日とか，その憂鬱で」（N：2011/8/9）
	教員	・障害について理解しない ・理解を得ようとすると嫌がられる ・対応が冷たい ・遠慮せざるを得ない	「その言葉で（子どもが）すごく傷ついたいたみたいで，で，もうそれを聞いた時に，ああ，もう先生はちょっと理解が足りないなあって」（F：2011/6/3） 「サポートブックって，親や理解をしようとする先生からしたら必要なものだけど，プライドの高い先生からしたら，すごく疎ましいものみたいで，私も1年生の時にだしたら，あ，嫌なんだなっていうのがすごく伝わってきて」（K：2011/6/3） 「相談するんですけど，なかなか伝わらない」（V：2011/12/2） 「（先生の字が達筆で子どもが読むことができないことを）言えなかったです。先生にも。言えなくて，（スクールサポーターに）言ってもらいました。」（L：2011/6/3）
日常的に生じる心理的負担感や葛藤	覚悟・諦観	・親としての大変な生活を覚悟する ・生活の大変さを克服することを諦める	「診断うけた時点から，もうイバラの道，当たり前って，自分で覚悟はしてたんですが」（C：2011/5/13） 「いろんな覚悟をしておかなくてはいけない」（L：2011/6/3） 「いつか，夜がね。トンネルから抜けるじゃないけどね，夜は毎日あけてるんだけどね，なんかね。」（B：2011/7/8）
	理性の喪失	・心の余裕を失う ・感情的になる	「ほんと，（録音に）とっとけないぐらい（子どもに対して）ひどいことやったかもしれない」（H：2011/7/8） 「（子どもが，家でずっと大声を出していることに対して）カーってきてしまうもんだから，冷静になれなくて」（V：2011/12/2）
	拒絶と罪悪感	・子どもと一緒にいることが耐えられない ・子どもと離れてせいせいする ・罪悪感がある	「その時（治療のために病院）に預けてなかったら殺してたかもしれないって，思った時期が」（D：2011/5/13） 「（子どもが施設に入所して）すっごくすっきりしたーっていう気持ちの方が強かったんですよ。なんか，ね。でもその気持ちがいいんだろうかーっていう思いもあって，普通のお母さんだったら多分寂しいっていうんだろうなあって思いながら」（J：2011/5/13） 「警察が来て，ほっとしてる自分がちょっと怖かったりするんですよね。」（C：2012/1/10）
	障害受容の困難さ	・他の子どもと同じようにさせたい ・診断がつくことを恐れる	「私も，人並みにっていう概念があるんですよね。」（F：2011/6/3） 「受けた方がいいですか？診断名って。診断名って一度もらったら，き，消えない，消えないって言ったら変なんですけど…」（M：2011/8/9）
	障害を隠したい気持ち	・知られることを恐れる ・スティグマを恐れる ・いじめにあうことを恐れる	「（通級指導でN小学校を他の母親からすすめられ）逆にN小の方が知ってる人が多かったりすると，（障害があることがわかるので行きたくない）」（N：2011/8/9） 「そういうレッテルみたいなので見られてしまう事がマイナスなんじゃないかのかなぁと思ったり」（M：2011/8/9） 「それ（障害のあること）を実際，周りの方に言った方が周りにいて，ものすごいはじかれた子がいたっていうのを聞いたので，それが何ともわからない。それがいいとも」（E：2011/8/9）

＊根拠となるデータは，発言にそれぞれケースと調査日を示した。
＊「　　」内の（　）に示された文言は，発言前後の文脈に基づいた補足説明として記している。

3.1 〈障害児の言動による生活の混乱〉

　この概念的カテゴリーは，以下の5つの焦点的コードから生成した。第1の焦点的コードである【仕事】は，仕事が思うようにできないことを意味している。まずケアに専念せざるを得ないことから，[仕事を辞めざるを得ない]状況がある。また仕事に子どもを連れていく，仕事中に子どもに呼び戻される，仕事を休まざるを得ないなど[仕事に支障がでる]状態もみられた。第2の焦点的コードである【暴力・パニック】は，生活していく上で，子どもの暴力的行動やパニックと隣り合わせであることを意味する。子どもが家具や家電製品を壊す，窓ガラスを割るなどの[家のモノが壊れる]状況や，母親自身が子どもから[暴力をふるわれる]状況がある。また子どもに[パニックを起こされる]ことで，混乱した状況に陥ることもみられた。第3のコードである【こだわり】は，子どものこだわりに基づく行動が母親の生活に影響しているということである。第1に，[食のこだわりに行動が支配される]状況があり，予定外の買い物に行く，食品を常にストックしておく，夜中に一緒に料理をするなどの行動がみられた。第2に子どもの[外見のこだわりに生活が乱れる]状況があり，やせ志向に対し家中の鏡をなくすなどの対応をせざるを得ない，子どもが完璧な身なりを求めるために外出までにかなりの時間を要する，あるいは外出ができないといった問題がみられた。第4の焦点的コードである【生活時間】は，生活時間が不規則になり乱れることを示している。まず子どもにつきあい，夜通し起きておかなければならないなど[昼夜逆転の生活を送る]という状況がみられた。また通常とは異なる生活時間を送る子どもとの生活によって，[生活リズムが乱れる]状況も形成されていた。第5の焦点的コードである【心身の健康】は，健康状態の悪化を意味している。まず体のきつさを感じる，体重が減少するなどの[身体的不調を来す]問題があった。次に日常的に精神的ストレスに見舞われることや，通院や薬の服用を伴う精神的疾患にかかるなど[精神的不調を来す]状況もみられた。

3.2　〈子育てモデルがなく，試行錯誤している状況〉

　この概念的カテゴリーは，以下の4つの焦点的コードから生成した。第1の焦点的コードである【子どもへの対応】は，子どもとの関係性において，その対応に迷い，戸惑う状況を意味している。まず［障害特有の言動への対応がわからない］という問題がある。また子どもとの［コミュニケーションの方法がわからない］という問題があり，言葉に躊躇したり，自身の対応の悪影響を懸念したりする姿がみられた。第2の焦点的コードである【思春期への対応】とは，子どもの思春期の時期において，その対応に迷い，戸惑うということである。［思春期に起きる変化への対応がわからない］状況，［性的な興味・関心への対応がわからない］状況が形成されており，成長に伴って生じる変化に苦慮している状況がみられた。第3の焦点的コードである【学習支援】は，子どもの学習に関わる問題があることを意味している。まず［学習の支援に苦労する］という問題があり，学習内容の理解がままならない状況に対し，支援の方法を模索したり，教員への理解を求めたりするといった行動がみられた。また［宿題の対応に時間がかかる］という問題もあった。第4の焦点的コードである【学校・学級選択】は，学校や学級を選択する場面において迷い悩むという問題である。まず［就学前・小学校時の選択において悩む］姿がみられ，特別支援学校を選択すべきかどうか，また特別支援に理解のある学校や取組みの実績のある学校地区へ引っ越すべきかなどについて，迷い悩む状況がみられた。さらには通常の学級，特別支援学級，通級という学級籍に関する悩みもみられた。こうした悩みは，小学校への入学以降も，学級籍の変更に迷ったりするといった問題が継続していた。次に［高校進学時の選択において悩む］姿があり，第1に入学試験に合格できる学校をみつけなければならないという問題があった。また単位習得の問題が心配の種となっており，この問題に対応してくれる高校を探す状況がみられた。さらに学校生活を問題なく送ることのできる高校や，発達障害の子どもを受け入れる高校があるかどうかということも考えられていた。

この概念は，以下の３つの焦点的コードから生成した。第１の【医療機関】については，医療機関からの支援が得にくいということである。まず県中心部にしか専門の医療機関がおかれていないため，［専門病院が遠い］と感じられていた。また［専門医が少ない］こと，そのため病院の［予約が取りづらい］ことも問題と感じられていた。さらに，診察時間などの問題から相談することが難しいなどの［医師に頼りづらい］という感情も抱かれていた。第２の焦点的コードである【専門機関】は，専門機関からの支援を得にくいことを意味する。検査や相談に行きたくとも［予約が取りづらい］状況がある。加えて専門機関における［対応に不信感を抱く］状況もあった。第３の焦点的コードである【学校・幼稚園・保育園】は，子どもの通う学校，幼稚園，保育園からの支援が得にくいことを意味する。担任制により進級のたびに［教員の継続性が確保できない］という問題や［教員の資質で対応が異なる］という問題から生じる心理的距離感がある。また学校や幼稚園，保育園との話し合いの中で［要望を受け入れてもらえない］と感じられる状況もあった。

3.4 〈良好ではない周囲との関係性〉

この概念は，以下の３つの焦点的コードから生成した。まず第１の焦点的コードである【夫】は，障害児との生活の中で，夫との関係がうまく保たれないことを示している。まず夫の［仕事が忙しいため，大変さがわからない］ことが問題となっている。また夫が［障害について理解できない］という問題があり，そのため障害特有の行動などについて夫が子どもや母親を責めるといったことも生じていた。さらに夫が［障害を受け入れようとしない］ことから，母親一人で対応せざるを得ないといった問題もみられた。第２の焦点的コードである【周りの保護者】については，学校や幼稚園，保育園における保護者仲間との関係がうまくいかないことを意味している。保護者からの［冷たい視線がある］という問題や，心を許した関係になかなか発展しないなど［親密になることができない］という問題がある。さらに参観日の懇談会などで顔をあげることが

できないなど［対面時の憂鬱さがある］という問題も生じていた。第3の【教員】については，子どもの教員との関係が良好ではない，あるいは悪化するということを意味する。まず教員が［障害について理解しない］という問題や，障害について［理解を得ようとすると嫌がられる］という問題があった。また［対応が冷たい］と感じられることがあることが示された。こうしたことから教員に支援を求めたくても［遠慮せざるを得ない］というように思われていた。

3.5　〈日常的に生じる心理的負担感や葛藤〉

　この概念は，以下の5つの焦点的コードから生成した。第1の【覚悟・諦観】という焦点的コードは，生活の大変さを覚悟する，あるいは大変な生活を送らざるを得ないことについて諦める，ということを意味する。まず子どもに障害があると気づいた時，あるいは障害についての診断時に，［親としての大変な生活を覚悟する］気持ちがみられた。またそうして障害について認知した後は，［生活の大変さを克服することを諦める］気持ちが生じている。第2の焦点的コードである【理性の喪失】は，心の余裕や理性を失いがちな状況があるということである。まず日々の生活の中で［心の余裕を失う］状況が多くの場面において形成されていた。また子どもに対して理性を失った言動をとる，専門機関などの相談先において涙を流すなど［感情的になる］状況がみられた。第3の焦点的コードである【拒絶と罪悪感】は，子どもを拒絶する気持ちがある，かつそうした気持ちに伴って罪悪感が生じていることを示す。まず子どもが入院していなければ子どもを殺めていたかもしれないなど［子どもと一緒にいることが耐えられない］気持ちがみられる。また子どもが施設に入所し離れる時間があったり，子どもが眠ったりするとほっとするというように［子どもと離れてせいせいする］気持ちがあった。しかし，そのような気持ちは，いずれも［罪悪感がある］ことを伴っていた。第4の【障害受容の困難さ】は，障害を受容することについての難しさを意味している。まず障害があるにもかかわらず，勉強や生活を［他の子どもと同じようにさせたい］という気持ちがみられた。また障害の［診断がつくことを恐れる］気持ちがあり，障害をありのまま受け

入れることができない状況があった。最後の焦点的コードである【障害を隠したい気持ち】は，子どもの障害を周りの人たちに知られること，またそれに伴う懸念を示している。まず障害児であることを［知られることを恐れる］気持ちがみられた。また周囲に知られることに伴い生じるであろう［スティグマを恐れる］気持ちも生じていた。同様に障害児であることを知られることで子どもが［いじめにあうことを恐れる］気持ちも形成されていた。

4. 抽出した生活困難の相互の関連性

　以上の概念的カテゴリーとコードの関連性をふまえ，概念モデル化したものが図3-1である。障害児の親としての生活においては，その当初，障害児の言動によって母親自身の生活が混乱していた（〈障害児の言動による生活の混乱〉）。同時に障害児を育てる面においても，様々な問題も生じていた（〈子育てモデルがなく，試行錯誤している状況〉）。母親たちは，このうち後者の問題を解決しようとしていた。すなわち養育に関する問題を克服しようと，周囲に働きかけ，支援を得ようとする行動がみられた。しかしながら思うような支援を得られず（〈支援環境との物理的・心理的距離感〉），加えて周囲の関係性においては，むしろ冷たい視線や言葉にさらされ（〈良好ではない周囲との関係性〉），孤立してい

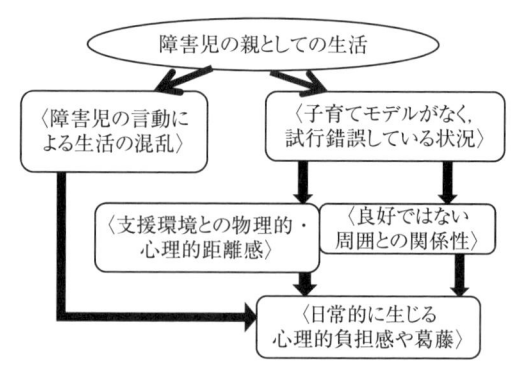

図3-1　概念モデル化：生活困難における相互の関係性

く状況が生じていた（〈日常的に生じる心理的負担感や葛藤〉）。一方自分自身に生起する問題については，ほとんど対応がなされず顕著な動きはみられなかった。

　こうして第1に自分自身に起こった問題に関しては解決が図られず継続していく状況，第2に養育上，生じた困難さについての解決を求めるも結局支援を得ることができない状況の2つの問題から，結果的に母親の心理的負担感や葛藤が生じていることが明らかになった。

5. 母親の生活困難の分析からみえてきた主な3つの問題

　本章では，発達障害児の母親の生活困難を探索的に見出すことを目的として調査，分析を行った。また導き出された生活困難の相互の関係性を明らかにした。この分析結果から指摘できる問題として，以下の3点をあげたい。

5.1　養育上の困難さと専門的支援の得にくさ

　本章においては，障害児を育てていく過程で，母親たちが様々な問題に遭遇することが示された。第1に障害特有の言動があり，そうした言動に日々迷い悩みながら対応している状況があった。第2に思春期における体や心の変化，性的な興味関心に対する戸惑いや悩みが見出された。第3に日々の宿題など学習支援に関しても多くの時間を費やし，疲弊した状況がみられた。さらに学校や学級を選ぶにあたっての悩みもみられた。このような，養育に関する悩みや困りごとは，特に障害に伴う問題や障害児の発達過程で派生的に生じる問題であることから，やはり専門的見地からの支援が有効であろう。

　こうした専門的機関についての制度的整備はある程度進んでいる（田中ほか2005）。また障害児の養育支援の必要性は，法的根拠に基づくものでもあり，第1章でも述べたように，「発達障害者支援法」では，家族が適切な監護ができるよう，医療機関，教育機関，福祉機関が相談及び助言を行うことを規定している。さらに研究上においても養育，療育上の支援に関する領域はある程度の蓄積がみられ，特に2004年の発達障害者支援法成立以降，地域社会を基盤

においたものなど研究の裾野の広がりもみられる（通山 2011）。

　こうして養育支援における制度的環境が整い，法的裏づけもあり，かつ研究が進みつつあっても，実際の支援が充足しているとは言い難い環境におかれていることが，本章の分析から明らかになった。母親たちは，養育上の問題の解決を求めて，情報収集を行い，専門機関についての情報に辿り着き，医療機関や福祉機関，行政に対してコンタクトをとる行動がとられていた。しかし対応行動が試みられても，支援を得にくい構図があることもあわせて明らかとなった。まず第1に福祉機関においては，相談や検査の予約がとりにくいこと，また対応に関し十分な満足が得られないことが明らかになった。第2に医療機関においては，専門の医師や病院が少ないこと，予約がとりにくいこと，医師に頼りづらいという感情が明らかになった。さらに保育園や幼稚園，学校においては，障害について理解を得にくいという問題や，支援の継続性の問題があり，支援を要請する際には躊躇がみられた。

　上記の結果は，養育上の専門的支援に対するアクセシビリティについての問題を示しており，支援やサービスの拡充が質，量ともに望まれる。

5.2　身近な関係性におけるソーシャル・サポートの脆弱性

　本章では，専門的機関に加え，身近な社会関係においても支援を得にくく，むしろ反対に母親たちの精神的負担感や不安感を生じさせる要因となっていることが明らかになった。特に夫，周囲の保護者，教員において良好ではない関係性がみられる。具体的には，障害児との生活における大変さについて共感や理解を得ることができず，時には批判的な眼を向けられていることが感じられていた。

　育児支援研究においては，社会的ネットワークが果たす役割の重要性が繰り返し指摘されている。1980 年代に真っ先に育児不安の問題に気づき，取り組んできた牧野カツコは，良好な夫婦関係や広範な社会関係の保持が育児不安を低減させるという結果を報告している（牧野 1982）。牧野以降も社会的ネットワークの量や質が母親の育児不安に影響していることを指摘した研究成果は多くみ

られ，特に父親の関わりや親族，非親族のネットワークが育児不安を軽減させることが示されている（冬木 2000；松田 2001）。一方，発達障害児の親の育児ストレスが高いことについても，いくつかの研究で既に指摘されている（刀根 2002；渡部ほか 2002）。さらに広汎性発達障害の子どもの母親を調査した研究において，サポート源の中心が夫と親戚であったこと，またサポートを多く受けることでストレスが軽減することが示されている（森口ほか 2008）。

　発達障害児の母親たちに育児ストレスや育児不安の問題があり，かつ社会的ネットワークが育児不安を軽減させるという知見を考慮すると，やはり親密な社会関係において支援を得やすい環境づくりをしていくことも重要である。しかしながら本章からは，そうした関係性から支援を得ていないどころか，そうした関係性が，かえって緊張を生じさせていることが明らかになった。発達障害児の母親の身近な社会関係において，実際的に支援を得やすい環境を形成していくための方法論について，今後検討していかなければならないだろう。

5.3　伏在化する母親自身の生活困難

　本章では，母親が抱える生活困難として，母親自身の問題としてとらえられる事項がいくつか見出された。

　冒頭に記したように，発達障害児の親の生活に視点をあてた研究蓄積は少ない。しかし，これまでの研究成果では重要な点が提示されており，例えば久保は，自閉症児の母親たちが，子どものかんしゃくや偏食などでも苦労していること，勤めに出たくても子どものために出られないこと，体の調子の悪さを訴えていることなどの結果を導き出している（久保 1975）。また心身医学の領域においては，母親の健康上の問題を明らかにした研究がみられ，芳賀彰子らの研究では，発達障害児の父母 33 組の健康調査から，母親の 42％が神経症レベルにあり要治療の状態を示していたこと，また父親と比較すると母親の神経症レベルの割合は有意に多かったことが報告されている（芳賀・久保 2008）。先行研究でも，母親自身に生じる困難さは報告されており，本章で見出された結果と同様の問題も指摘されているのである。

しかし本研究で新たに見出された点は，こうして母親自身に発生している生活困難において，母親自身がとりたてて解決を求めていないことである。母親の生活においては，睡眠時間を削らざるを得ず，疲労感や倦怠感が慢性化し，心身の健康状態の悪化にも発展している。また子どもの暴力やパニックによって，生活に混乱が生じている。さらに仕事にも支障があり，不安を抱えている。こうして様々な面で生活がたちゆかなくなる状況が形成されており，支援や解決を求めてもおかしくない環境におかれている。しかし，母親たちにおいては，こうした問題の解決へ向けた行動がとられていない。また解決したいという志向性さえも見出すことができない。

つまり母親自身に関わる困難については，支援ニーズとして顕在化しないことが示された。この結果は，母親自身の問題については支援ニーズとして伏在する可能性があるということであり，母親自身の問題を見落とさずに支援を検討していくことの必要性を示唆している。

6. まとめ

本章では，障害児の母親が抱える生活困難について探索的分析から抽出することを試みた。その結果，母親の生活上の問題として，〈障害児の言動による生活の混乱〉，〈子育てモデルがなく，試行錯誤している状況〉，〈支援環境との物理的・心理的距離感〉，〈良好ではない周囲との関係性〉，〈日常的に生じる心理的負担感や葛藤〉の5つの概念的カテゴリーを導き出した。さらにこれら概念間の関係性を検討した結果，母親の心理的負担感や葛藤を導くプロセスが明らかとなった。まず障害児の母親が持つ困難さは，当初，母親自身の生活に関する困難さと，養育上の困難さの2つの問題に大別された。このうち母親自身に関する生活困難については何の対応もなされずに，そのままの状態で据えおかれていき，一方，養育に関する困難さについては，生じている苦難を取り除くための行動を起こすも思ったような支援を得られないという状況が形成されていた。この2つの問題から心理的に追い込まれていく状況が生み出されてい

た。これらの分析から，見出させる問題点として，第 1 に養育に関わる専門的支援体制の不備，第 2 に身近な社会関係におけるソーシャルサポートの脆弱性，第 3 に母親自身の生活困難の伏在化の 3 点をあげた。

　本章の独自性は，当事者同士の語り分析を行った点において，認められる。親の会やセルフヘルプグループの参加者に対し，アンケート調査や半構造化面接などのインタビュー調査を個別に実施するというアプローチで支援のあり方を検討した研究はみられる（古川ほか 2009；松渕・柴田 2006）。しかしこうした集団の場において当事者同士が話した内容自体を分析した研究はほとんどみられない。今回，こうした分析が可能となったのは団体 A の協力によるところが大きいが，当事者同士の自由な語りを分析対象としたことで，より包括的な視点から生活困難を抽出でき，今後の支援方策を検討する上での基礎的資料を提示できたのではないかと思われる。また母親自身の生活困難が支援ニーズとして伏在化するという重要な知見を見出せた点においても意義があったのではないかと考える。

第4章
発達障害児の母親の社会構造の関与と生活困難

　本章では，発達障害児の母親の生活困難について，インタビュー調査をもとに検討する。第3章の生活困難の分析では，グループインタビュー調査データの探索的分析から，5つの問題群を抽出し，同時にそれら問題群の関連性を明らかにした。この分析に引き続き，本章では，個別のインタビュー調査から，母親が抱える生活上の苦しみ（生活困難）について，より掘り下げた検討を行ってみたい。特に，生活構造論に基づき，生活主体によるフォーマル・インフォーマルな社会関係のネットワークである社会構造への関与に注目する。母親たちには，どのような社会構造の接点において，どのような生活困難がもたらされているか，という点について考察するものである。

1.　研究の方法

1.1　調査の対象

　調査対象は，筆者が実施してきた団体Aの茶話会（グループインタビュー調査）に参加したインフォーマントのうち，中学生以上の障害児を持つ母親8名とした。グループインタビュー調査は，2011年5月から継続して行っており，2014年8月までに合計23回実施していた[1]。今回は，これまでの育児を振り返ってもらう質問を含む半構造化面接を予定しており，ある程度の育児期間が要求されたため，障害児の子どもが中学生以上という基準を設定し，かつグループインタビュー調査において筆者と信頼関係が構築されている8名を選定し調査依頼を行った。この8名については，全員の了承が得ることができた。

　第3章と同じく，発達障害には，アメリカ精神医学界の診断基準 DSM-5 に基づき，知的障害（知的能力障害），コミュニケーション障害，自閉スペクトラム症（ASD），ADHD（注意欠如・多動症），学習障害（限局性学習症，LD），発達性協調運動障害，チック症を含むこととした（American Psychiatric Association 2022=2023；厚生労働省 2024b）。

1.2　調査方法

　調査方法は，半構造化インタビューとした。質問としては，障害を持つ子どもが生まれた時から今までのことを振り返り，どのような場面でどのような苦しいことがあったのか，を聞いている。特に子どもが就学前の時，小学生の時，中学生以降の時，と時期区分して話してもらうように依頼した。また属性項目として，年齢，同居家族，学歴，職業，出身地もあわせて聞いている。さらに障害児の性別，年齢，診断名，診断された時期も聞いた。調査時期は，2014年9月19日から23日である。調査時間は，1人につき2時間程度とした。なお調査内容は，調査対象者の了解のもと，IC レコーダーによる録音を行っている。

　倫理的配慮としては，調査の内容は研究以外の目的には使用しないこと，プライバシーに配慮することをあらかじめ説明した。

2.　社会構造との接点にみる生活困難の内容

2.1　調査対象者の属性

　まず調査対象者の属性一覧を表 4-1 に示した。調査対象者8名のうち，年齢は40歳代が6名であり，他の2名も40歳代に近い。学歴は，1人を除き短大・高専・各種専門学校卒以上である。同居家族は，配偶者と未婚の子どもから構成される核家族世帯が6名であり，夫が単身赴任である核家族世帯が1名，子ども家族と同居する拡大家族世帯が1名となっている。現在の職業は，保育士，看護師などの専門職が5名，2名が会社員，1名が専業主婦である[2]。出身地は，

表 4-1　調査対象者の属性

ケース			母親自身の属性				障害児			
	調査日	年齢	同居家族	学歴	現在の職業	出身地	性別	年齢	障害の分類	診断された時期
A	2014 年 9 月 22 日	45 歳	配偶者，子ども 18 歳（男），子ども 17 歳（女）	大学在学中	保育士	宮崎県	男	17 歳	知的障害	5 歳頃
B	2014 年 9 月 20 日	46 歳	配偶者，子ども 18 歳（女），子ども 16 歳（女）	短大・高専・各種専門学校卒	支援員（小学校）・ピアノ教師	宮崎県	女女	18 歳16 歳	自閉スペクトラム症自閉スペクトラム症	7 歳頃7 歳頃
C	2014 年 9 月 23 日	51 歳	配偶者，子ども 23 歳（女），子ども 21 歳（女），子ども 17 歳（女）	短大・高専・各種専門学校卒	看護師	宮崎県	女女	21 歳17 歳	自閉スペクトラム症自閉スペクトラム症	13 歳頃8 歳頃
D	2014 年 9 月 20 日	42 歳	配偶者，子ども 15 歳（男），子ども 12 歳（男）	大学卒	パート（調剤薬局）	千葉県	男	15 歳	自閉スペクトラム症	3 歳頃
E	2014 年 9 月 22 日	39 歳	配偶者，子ども 15 歳（男），子ども 13 歳（女），子ども 7 歳（男）	短大・高専・各種専門学校卒	看護師（パート）	宮崎県	男	15 歳	自閉スペクトラム症	4 歳頃
F	2014 年 9 月 22 日	40 歳	配偶者，子ども 15 歳（男），子ども 13 歳（女）	短大・高専・各種専門学校卒	会社員	鹿児島県	男女	15 歳13 歳	自閉スペクトラム症知的障害・自閉スペクトラム症	4 歳頃2 〜 3 歳頃
G	2014 年 9 月 20 日	47 歳	配偶者（単身赴任中），子ども 18 歳（女）別居，子ども 15 歳（男）	短大・高専・各種専門学校卒	保育士	宮崎県	男	15 歳	自閉スペクトラム症	2 歳半頃
H	2014 年 9 月 19 日	43 歳	配偶者，子ども 20 歳（男），子ども 19 歳（男），子ども 12 歳（男），第 1 子の妻，孫	高等学校卒	専業主婦	宮崎県	男	19 歳	知的障害・自閉スペクトラム症	8 歳頃

　＊　　年齢は調査時点のものである。
　＊＊　職業は回答として得られたそのままの内容を記載している。
＊＊＊　障害の分類は，調査中の発言をもとに，DSM-5 の基準にそって記載した。

宮崎県内が 6 名，2 名が他県からの来住者である。これらの点からある程度の同質性があると言ってよい。

　調査対象者の子ども（障害児のみ）についても表 4-1 に示した。8 名のうち，3 名が複数の障害児の母親である。診断時期は，1 人を除き，ほぼ就学以前から小学校入学時期となっている。

　なお以下の記述でケース例を示す際に使用する A 〜 H のアルファベット表

記については，表 4-1 に示したアルファベットと一致している。

2.2　社会関係ごとに見出された生活困難の内容

　上記の半構造化インタビュー調査において得られたデータから，子どもが小学校に就学する以前，小学生の時期，中学生以上の時期別に，どのような社会関係において，どのような生活困難が生み出されているかについて検討した。

　以下に調査データから見出される生活困難の内容を時期別に示す。いずれも複数の母親の発言から見出されたものであり，母親たちに共通する生活困難とみなしうるものとした。なお〈　〉内は，生活困難が生じた社会関係を示し，【　】内は生活困難の内容を示している。ケースの発言中に出てくる（　）内の文言は，補足説明のために筆者が書き加えたものである。〇〇，□□の表記は障害児や障害児のきょうだいの名前として出てきた発言を置き換えたものとなっている。

(1) 子どもが就学する以前の時期

〈幼稚園，保育園の教員〉【教員[3]の無理解，批判的態度，親の責任を求める姿勢に悩まされる】

　就学以前の時期では，子どもが通う幼稚園，保育園の教員との関係性で苦しさが生じていた。それは，障害について理解を得られないこと，障害に伴う言動に対して向けられる批判的態度，そして親としての責任を求める姿勢に悩み苦しむというものである。障害や子どもの気持ちに理解がないこと，批判されることに落胆し，親として要求されたことに応えることができず，時には責められているような感覚に陥る。

　ケース A の例をあげる。ケース A は，食事が上手にできず周りの子どもたちに避けられている子どもの状況を，同じ園に通っている障害児の兄から聞く。そして「〇〇が汚いのはわかる」が，「やっぱりその，本人も，傷ついたかな」と思い，幼稚園の先生に伝えてみた。しかし先生から返ってきた答え[4]は，下記のように障害や子どもの気持ちについて理解しているとは思えないものであった。

先生も「いやあ，（○○は）へらへら笑ってたんですよー」って言うから。「（○○はお友達から嫌がられていることを）わかってないのかなーっ，と思って」って。いやいやいや，（○○は嫌がられていることを）わかってるって。ただ，あの（○○は）笑うしかなかったって（思う）。（ケースA[5]）

　またケースEは，幼稚園でお昼寝をしない子どもについて，幼稚園の教員が「今日も寝れませんでした，昨日は何時に寝ましたか？」などの内容を保護者とやりとりをする帳面に書いていた，と言う。そのことについて，「（先生から）責められてるみたいなように聞こえてた（感じていた）」と言い，親のしつけの問題としてとらえられていることが「辛かった」と話す[6]。

〈幼稚園，保育園，近隣の保護者仲間〉【保護者仲間の無理解，批判的態度，親の責任を求める姿勢に悩まされる】

　子どもの幼稚園，保育園で知り合う保護者，また近隣社会で子どもを通して築かれる保護者との関係においても緊張関係が生じ，苦しさや悩みが生まれる。子どもの言動について，無意識的なものも含め批判の目にさらされ，理解されず，問題行動では謝罪することも必要となる。

　ケースDによると，集団生活としての子どもの幼稚園生活がはじまってからは，「毎日毎日もめごとばっかり」が続き，「今日噛みつきました，叩きました」と先生から言われることが続く状態であった。そして「会ったこともないのにまず（相手の親に）ごめんなさいですよね」と話すように，謝罪する場面が多々あった，と言う[7]。

　またケースEにおいては，子どもがまだ幼稚園に入る以前の小さい頃，同じ集合住宅に暮らす子どもたちとの交流が始まる。そして次第に「普通の子より，うち（の子は），手（が）かかってる」と，発達の違いを感じるようになる。そして，母親同士も「仲良くなっていろいろ話せるようになる」関係になる中で，心理的に傷つくこともあった[8]。下記は，いつまでも公園から帰ろうとしない子どものことについて，他の母親から言われた言葉に辛さを感じた，という

ものである。

> 近所のお母さんに，「Eさん，よく我慢してるよね」って（言われた）。「うち（の子ども）だったら，すごく，もう怒ってる」って，その，「（私の子どもだったら）付き合わない」って（言われた）。「帰る時にいくら泣いても時間やからって（帰る時間だから）連れて帰る」って（言われた）。アドバイスのつもりで言ってくれるっちゃけど，なんか辛かった。（ケースE[9]）

〈親族〉【親族の障害への無理解や偏見，育児に協力しない姿勢に悩まされる】
　母親が子どもに障害があることを認知しはじめるこの時期は，周囲の親族との間に軋轢が生じ，心の溝が深まることもある。障害について理解しようとしない姿や，障害に対する否定的な見方があることを，夫や夫の両親から突きつけられ，育児の協力を得ることもできない。

　ケースHは，夫の両親には子どもに障害があることについて，「言わなかった，絶対言えなかった」と言う。その理由としては，「（障害者を）すごく差別してるっていうか。近所の人（と）の話，聞いてても，差別してるようなものの言い方をしていたから」と話す[10]。障害に対する偏見があることを感じ，子どもに障害があることを打ち明けることすらできない。

　また赤ちゃんの頃から夜に眠らず，さらに原因不明の咳によって「食べたもの（を）全部戻して，毎晩のようにそれが繰り返され」る状態の子どもを抱えていたケースBは，精神疾患を患う。「育児ノイローゼみたいな感じになって」，その後は，パニック障害，鬱病と診断され薬も服用するようになる。このような状況下で，赤ちゃんの夜泣きに対し，「主人が怒るんですよ。俺は仕事があるんだって」と夫の感情的な不満が自分に向けられていたことを振り返る[11]。夫の助けが得られるどころか，むしろ怒りの対象となり，さらには夫婦関係が壊れていく方向へと進んでいく。以下の話は夫婦関係の悪化の中で起こった子どもへの虐待的な行動である[12]。

主人との喧嘩が絶えなくなり，（私が）ノイローゼ状態で，育児，もうけっこう○○に虐待の手前，今考えると虐待の手前まで行っちゃって。ある日，全然言うことを聞いてくれない○○の首を絞めたんですよ，私。（ケースB）[13]

（2）子どもが小学生の時期

〈小学校の教員〉【教員の無理解，批判的態度，親の責任を求める姿勢に悩まされる】

　小学校に入学して以降も幼稚園や保育園に通っていた頃と同様に，母親たちは，教員との関係において苦しんでいた。教員が障害について理解をせず，むしろ非難し，子どもの言動の改善が母親に求められる。そして親の責務としての行動も要求される。

　教員が障害について理解しておらず，冷たい対応を受けた，という経験がケースGにはある。ケースGは，交流学級の教員が自分の子どもを「嫌いなんだな」と察する。そして「パニックになったら迷惑だ，って言ってこられたりとか。みんなの前で謝って下さいって言われて。（そんなことが）結構あったから」と，当該教員の理解のなさや対応の冷たさを語り，苦しかった出来事として振り返る。[14]

　ケースDは，クラス担任の教員に子どもの特徴を予め伝えており，障害について理解してくれるようお願いをしていた。しかし教員から障害について理解してもらうことは難しく，むしろ子どもへの対応に疑問を持ったと言う。下記は，子どもが友人をつねった時の教員の対応に怒りを感じつつも，日頃から迷惑をかけていたという認識から，穏便にすませざるを得なかった経緯について語られた内容である。

　　「どんなに相手が痛かったかわかる？」って言って，（先生が自分を）つねったって（子どもが）言うんですよ。だから，それは違うんじゃないですかって，頭きたけど。何か，（先生に）謝り続けてたから，こっちも強く出れない，っていう（事情があった）。そういうのが染み付いてて，（先生に）

お手紙書いたんだけど。(ケースD[15])

　親としての責任が求められることもある。ケースEは，子どもが小学校入学当時，「忘れ物は多い，そして，お友達と喧嘩して帰ってくる，女の子を叩いて帰ってくる。もう結構トラブルが多くて」困っていた，と語る[16]。そうした中，辛かったこととして，下記のように教員から母親としての責任を求められたことがあげられた。

　　忘れ物とか，宿題忘れとかって，親は何してんの？みたいな感じで言われるんですよ。電話かかってきて。「まだ1年生なんだから，お母さん，ちゃんとみてあげて下さい」って，担任から（電話が）かかってきよったっちゃ。夜に。あ，たまらんと思って。(ケースE[17])

〈小学校の保護者仲間〉【保護者仲間の無理解，批判的態度，親の責任を求める姿勢に悩まされる】
　就学以前の時期と同様に，保護者との関係における緊張関係は続く。障害に無理解であることから，子どもの言動に奇異な眼や批判的な眼が向けられ，親の問題としてとらえられていることを体感する。そして子どもの問題行動では親としての謝罪が求められる。
　ケースAの子どもは知的障害であるが，小学校入学時は通常学級の選択をしている。「無理して，その通常学級に入れて（い）る」とケースA自身が振り返る状況下で，通常学級では他の子どもと同じような行動が求められた[18]。小学校初日の入学式では，何とか行事をこなしたものの興奮してなかなか自宅に帰ろうとしない子どもとの情景を「きつかった」こととして下記のように振り返る。

　　もう○○は疲れて（しまって）ね。わーわー，ぎゃーぎゃー，（騒いで）ね。帰りも靴箱でね，なかなかもうランドセルを持って（くれなくて）ねー。帰

らなくってね。きつくってね。(中略) みんな (近所の知人で, その時 PTA 役員室にいた人たち) が心配そうに見てるのがさ, またきつくってさ。その眼がね。それも忘れられない。で, 帰りながら泣いて, 泣きながら帰ったね。(ケース A[19])

　ケース H は, 子どもの給食に針がいれられるという事件が起こり, 加害者となった子どもと話をする場を持つ。その後に加害者の子どもの親と話をする機会が持たれ,「うちの子どもに何言ってくれてるんやって (言われた)。そういう (障害のある) 子ども (を) 産んだあんたが悪い」など, 攻撃的な発言をされたと言う[20]。

〈小学校の教員と子どもの友人〉【子どもが不登校になり, 子どもとともに孤立する】

　子どもが就学すると, 学校に行かないという事態, いわゆる不登校も起こる。娘が 2 人とも障害児であるケース B は, 第 1 子の時に, 家の転居を伴い特別支援学級のある学校に子どもを入学させる。しかしながら,「引っ越して, 情緒学級のあるところに入ったんだけれど, あまり恵まれなくって。先生とか。これは大の失敗に終わっちゃって。1 年生の時に, 大の失敗で, ほんとつまずいて」しまう。そして, これを契機に第 1 子の不登校が始まり 6 年生まで続く。加えて第 2 子も同様に不登校となり,「□□は, 学校に行ったり行かなかったり。で, ○○はずーっと引きこもりが続いて」とかなり長期間にわたり, 子ども 2 人ともが学校に通う生活から遠ざかる。そしてケース B は子どもとともに行き場を失い, その当時は「疎外感いっぱい。疎外されて, 子どもも疎外されて, 私まで疎外感を感じて」いたと言う[21]。

　これは次の段階である中学生の時期でも起こる。ケース C, ケース D の子どもも, 小学生から中学生の時期にかけて長期にわたる不登校を経験している。

（3）子どもが中学生以降の時期

〈中学校・高校の教員〉【教員の無理解，批判的態度，親の責任を求める姿勢に悩まされる】

中学校以降でも，学校の教員から障害について理解してもらえず，批判され，そして親としての対応を要求される，といった問題が依然として続く。ケースHは，子どもが高校在学時，問題行動への対応として，保護者として子どもに付き添うことが求められ，一緒に通学していた。

> 親子同伴で学校（に）行ってましたもん。（子どもと）一緒に帰らないと，「何で（子どもより先に）帰られたんですか？」って（学校の先生から）電話来るんですよ。下の子とかの具合が悪くて，とか（いう場合でも）。だから，私が学校休む時には，先生に連絡しなきゃいけないんですよ。「すみません。○○母休みます，子どもだけ学校行きます」って。（ケースH[22]）

ケースGは，高校の教員から，子どもが学習面でうまくいかないことについて，「太るってことは余裕があるってことなんだ」と言われ，何度も子どもが叱責されていることに対し，教員に対する理解不足を痛感している[23]。またそうした発言を問題に感じており，教員と話をしたいとも思うが，その後の子どもの学校生活を考え躊躇する。その苦悩を以下のように語る。

> （太っている，という言葉は）絶対にまずい発言ですね。だからどうしようと思ったけど。でもそこで（先生に）喧嘩を売ったところで，（学校に）いるのは○○だから。（中略）やっぱ，取られてるようなもんですよね。人質を。（ケースG[24]）

〈中学校・高校の保護者仲間〉【保護者仲間の無理解，批判的態度，親の責任を求める姿勢に悩まされる】

中学生以降も相変わらず，子どもの学校を通して，また近隣社会の子ども関

係を通じて知り合う保護者との緊張関係は続く。

　子ども同士で起こった問題に関しては，子どもが中学生になってもやはり親として謝罪することが求められる。ケースＦは，子どもが友人に怪我をさせたことで，「謝罪ですよ。そしたらもう，（怪我をした子の）お母さんが，めっちゃ怒ってて。結局今までのこともあるわけですよ。『一度も謝罪とかないとは全く』，みたいに言われて」とクレームを受けたことを語る。[25]

　また学校ではなく，近隣の子ども同士の間で起こったトラブルでも親の責任論は持ち出される。ケースＤは，近所の小学生との間に起こった問題で，相手の父親からケースＤ自身が仕事をしていることも含め責められ，「あんた，働いてる場合なの？（中略）そもそも何で，（子どもを）野放しにしてんの？」と言われている。[26]

〈友人〉【障害について理解が得られない・疎外感を味わう】

　長く障害児を育てている自分と同じような境遇の人になかなか出会うことはできない。また障害についての理解を既知の友人からも得ることもできないことを痛感し，疎外感を味わう。

　ケースＧは，ある日，昔の同級生に偶然出会い，息子の障害について話をした。その友人は発達障害について大学で専門的に学んだ経験を持つが，「それって生まれつきのほう？しつけのほう？」と聞かれたと言う。[27]大学で学んだとしてもその程度の理解であることにショックを受け，発達障害に対する偏見が強いことを痛感している。

　また障害児を育てているがゆえに，友人と子育ての話題を共有できず，虚無感や孤立感を味わうこともある。ケースＢは，高校や中学校の同級生で集まる機会には，自然と子育ての話になるが，「とてもじゃないけど，うちの状況（は）話せないわ。」と思う。友人たちの会話にあわせるけれども，いつも「帰りがけにどっと疲れて（い）たり，虚しい気持ちがあったり」という感じになる。[28]

3.　見出された生活困難からみえてきた問題

3.1　子どもが過ごす場との接点において生じる生活困難

　本章では，発達障害児の母親にとって，どのような社会構造の接点において，どのような生活困難がみられるのか，という点から分析を行った。

　調査対象者の属性が示すのは，ある程度の学歴があり，40歳代で中学生以上の子どもを育て，核家族世帯で暮らしている母親たちである。また専門職についている母親もいる。現代では標準的なライフコースをたどってきたと言ってもよい。

　しかし，これらの母親たちの生活史は，苦悩の連続であった。障害児の母親として経験する困難は，子どもの就学以前からはじまる。そしてその生活困難は幼稚園，保育園，学校という子どもが通う場との関わりが顕著である。教員から理解を得ることができず，むしろ親として責められ，責任を突きつけられる。またこれらの場や近隣社会で築かれる保護者との関係では，好奇の眼にさらされ，肩身が狭く，問題行動が生じた時には親として謝罪する行動が求められる。さらに子ども自身が学校に行かなくなる，という不登校の問題からも孤立感が強まる。

　就学以前は，親族との関わりからも苦しさが生み出されるが，子どもが大きくなるにつれ，そうした悩みはみられなくなっていく。母親たちが吐露する苦しみの多くは，学校との関わりで生み出されるものが中心を占めるようになる。そして育児期間が長くなる中で，他の母親である友人との違いが実感される。

　第3章で析出された生活困難との関連で考えてみると，子育てに伴う苦しみであり，〈支援環境との物理的・心理的距離感〉，〈良好ではない周囲との関係性〉，〈日常的に生じる心理的負担感や葛藤〉の3つが該当する。子どもの障害について周囲から理解を得られず，むしろ偏見のまなざしに日常的にさらされ，さらには，子育ての内容を批判されたり，責任を突きつけられているといった苦しみが生成されている。そしてこうしたことから母親の孤立感が導き出されている[29]。またこれらの生活困難は，教員や保護者仲間などとの関係で生み出さ

れており，学校を中心として子どもが過ごす場との接点において多くの生活困難が生じていた。子どもが過ごす場で形成される社会関係において，多くの軋轢が生じ，また苦しみが生まれ，ひいては孤立感へとつながっていた。

3.2　ケアラーと教育役割を母親におしつけるジェンダー構造の問題

　上記の分析結果から，以下の問題提起を行いたい。

　母親が抱える生活困難として見出されたものは，どのような社会関係のものであっても，母親1人で抱えていた。幼稚園，保育園，そして学校社会における教員や保護者の無理解について夫や他の家族と相談する，という発言はほとんど見出されない。また教員や保護者から向けられる批判の眼も母親に対して向けられるものであり，謝罪を行う場面もクレームを受ける場面も1人で対応することが多い。ここで味わう苦悩は，1人で抱え込むものであり，他の誰かと共有されることは稀であり，孤立している。

　上野千鶴子は，「家族介護がジェンダーまみれの現象であるにもかかわらず，介護とジェンダーを主題とする研究は多くない」とし，その理由として第1に「ジェンダーに敏感でない」こと，第2に「家族介護者が女性であることを自明の前提としている」ことをあげる（上野 2011：122）。すなわちケアラーが女性であることは前提視されることが指摘されている。上野のケアの議論では高齢者介護に重きがおかれているが，第2章でも述べたように，障害児の育児においても，母親がケアラーであることは所与であることは既に指摘されている。そして本章の分析からは，発達障害児の育児において，ケアラーとして当然視される母親が，ひとり苦悩を抱え孤立している姿が描きだされた。どの社会関係から生み出される生活困難も，そこに現れる困難は，母親が1人で引き受けるべき，逃れられないこととして立ち現れるのである。女性をケアラーとして前提視することが，母親の孤立した状況を生み出しているともとらえられる。

　また本章では，どのような社会構造との接点において，母親たちが生活困難を抱えるのか，という視点から分析を行った。その結果は，子どもが過ごす社会との接点において多くの困難が形成されているというものであった。母親た

ちが体験する困難さは幼稚園，保育園，学校との関わりで生じてくるものが主流である。すなわち学校の教員や保護者との軋轢が生じ，親の責任が求められる。理解を得られず，問題行動によって萎縮し，言いたいことも言えない。そして不登校の場合は，子どもとともに孤立感，疎外感を味わう。第 2 章では，藤原里佐に基づき，子どもの療育や教育の場面において，母親がプログラムの構成要素になっている実態を紹介した（藤原 2006：76）。すなわち障害児の母親は，障害児福祉や教育を達成するための構成要素となっており，子どもの生活を成立させるための第一義的な担い手として位置づけられている。本章の分析では，母親の生活困難の多くが学校などの子どもの過ごす場で生成されていた。それは，学校などの教育の場において，子どもの学習や学校生活を円滑に成立させるための役割が母親に求められていることが影響していることが考えられる。母親を子どもの教育達成の構成要素と位置づけるジェンダー構造が，母親の苦しみと関連していることが想定されるのである。

4.　まとめ

　本章では，発達障害児の母親の生活困難と社会参与との関連性について，母親 8 人のインタビュー調査データをもとに分析を行った。その結果，生活困難の内容は育児に関わるものが中心であり，子どもの障害や育児をめぐり周囲との距離感，軋轢があり，母親が子育ての責任を抱えこみ孤立しているということが見出された。また生活困難の多くが子どもの通う学校，幼稚園，保育園との接点で生み出されていることが明らかになった。さらにケアラーを母親のみに固定化させていることが母親の孤立感を生み出し，母親を子どもの教育を支える第一義的担い手としていることが，母親の生活困難を生み出しているという解釈を試みた。すなわちジェンダー構造と母親の生活困難の関連性が推測された。

　最後にデータの特質についても述べておきたい。本章で得られたデータは，母親たちが自らのライフヒストリーを臆することなく語ってくれたものであり，

凄烈な問題の吐露もある。しかし，それでも母親たちは遠慮がちである，というのが筆者の印象であり，これまで何とか育児を行うことができたことに対する「感謝」という言葉も多く聞かれた。彼女たちは問題を殊更に大きくしようとしているようなパーソナリティの持ち主とは思えず，むしろ問題や苦しみを自らの内に秘めてきた人たちのように思える。この点をふまえると，母親たちが抱える生活困難の惨状は，データが物語る以上のものであることが示唆される。

注

1) これ以外にも調査を実施しているが IC レコーダーを用いてのデータ記録を行うことができないこともあった。この 23 回という数字は，これら記録を行っていないものについては除外した回数として示した。
2) 今現在 7 名が仕事をしているが，このうち 1 名を除いては，子どもが中学生以降の最近になって再就職しており，子どもが小学生のころまでは仕事をしていない。
3) 幼稚園教諭，保育士が正式名称だが，本文中では，通例的に使用されている教員，先生という用語を使用することとした。
4) 2014 年 9 月 22 日　インタビュー調査時における発言。
5) 2014 年 9 月 22 日　インタビュー調査時における発言。
6) 2014 年 9 月 22 日　インタビュー調査時における発言。
7) 2014 年 9 月 20 日　インタビュー調査時における発言。
8) 2014 年 9 月 22 日　インタビュー調査時における発言。
9) 2014 年 9 月 22 日　インタビュー調査時における発言。
10) 2014 年 9 月 19 日　インタビュー調査時における発言。
11) 2014 年 9 月 20 日　インタビュー調査時における発言。
12) その後，子どもが県立の精神科施設へ一時入所し，同時に養護学校（現在の特別支援学校）へ一時転入したことに伴い，ケース B は子ども 2 人をつれ転居をし，夫と別居の生活となる。これを機に夫婦間の緊張関係が和らいだと言う。
13) 2014 年 9 月 20 日　インタビュー調査時における発言。
14) 2014 年 9 月 20 日　インタビュー調査時における発言。
15) 2014 年 9 月 20 日　インタビュー調査時における発言。
16) 2014 年 9 月 22 日　インタビュー調査時における発言。
17) 2014 年 9 月 22 日　インタビュー調査時における発言。
18) 2014 年 9 月 22 日　インタビュー調査時における発言。
19) 2014 年 9 月 22 日　インタビュー調査時における発言。
20) 2014 年 9 月 19 日　インタビュー調査時における発言。

21）2014 年 9 月 20 日　インタビュー調査時における発言。
22）2014 年 9 月 19 日　インタビュー調査時における発言。
23）2014 年 9 月 20 日　インタビュー調査時における発言。
24）2014 年 9 月 20 日　インタビュー調査時における発言。
25）2014 年 9 月 22 日　インタビュー調査時における発言。
26）2014 年 9 月 20 日　インタビュー調査時における発言。
27）2014 年 9 月 20 日　インタビュー調査時における発言。
28）2014 年 9 月 20 日　インタビュー調査時における発言。
29）母親たちの語りからは，第 3 章で見出された〈障害児の言動による生活の混乱〉は見出されなかった。やはり母親たち自身の問題は，母親たち自身に意識されておらず，潜在化していることを示しているといえよう。

第5章
発達障害児の母親にとってのフォーマルな支援実態

　本章の目的は，発達障害児の母親が生活問題を解決・処理する過程における専門機関群（専門的サービス提供主体群）を検討することにある。本書で依拠する理論的枠組みは，第1章で示したように，森岡清志の都市的生活構造論であり「都市住民が，自己の生活目標と価値体系に照らして社会財を整序し，それによって生活問題を解決・処理する相対的に安定したパターン」（森岡 1984：86）として説明されるものである。また社会財には専門機関群と相互扶助的提供主体群が含まれている。本章では，社会財のうち専門機関群に焦点をおき，発達障害児の母親の生活問題処理過程におけるフォーマルな支援実態を明らかにする。

　第3章，第4章の生活困難の分析では，〈支援環境との物理的・心理的距離感〉，〈良好ではない周囲との関係性〉という問題が見出され，母親の生活問題処理プロセスにおいて社会財が十分に機能していないことが推測された。特に〈支援環境との物理的・心理的距離感〉の問題については，本章で焦点をおく専門機関群に関し，母親の生活問題処理において有効な役割を果たせていないことを示している。

　森岡は，専門機関群として，行政機関と商業機関をあげているが（森岡 1984：88-91），本章では現段階でフォーマルな形でサービスを提供する主体をとりあげ，行政機関，準行政機関，教育機関，医療機関，民間非営利機関（NPO），営利機関などを対象として検討することとしたい。また生活構造論に基づき，母親を地域社会における生活主体として位置づけていることから，本書で調査対象としている団体A，団体Bが存する宮崎県という地域単位で，フォーマルな支援実態について検討する。分析は2つのパートから構成されており，専門機関

群を包括的に調査分析した第2節と，発達障害者にとっての専門サービスの支援拠点とされている発達障害者支援センターで調査分析した第3節にわけて記述する。

1. 国の政策において障害児家族は支援対象となってきたのか

まずは国の政策における発達障害児の家族支援について検討していきたい。第1に子育て支援政策，第2に障害者福祉政策をとりあげる。

1.1 国の子育て支援政策における障害児家族支援

国の子育て支援政策のスタート地点は，1994年に発表されたエンゼルプランである。この計画が名目上の子育て支援政策であり，実質的には少子化対策としての政策であったことは周知の事実である。しかし，それ以降，1999年に「新エンゼルプラン」（正式名称「重点的に推進すべき少子化対策の具体的実施計画について」），2002年に「少子化対策プラスワン」，2004年に「少子化社会対策大綱」，「子ども・子育て応援プラン」と次々に新しい施策が発表され，子育て支援政策の見直しと拡充が進んできた。この経過において評価すべき点は，当初は仕事と子育ての両立支援が中心的課題であったものが，支援の対象者が広がってきた点である。それは一時保育サービスの整備などの専業主婦支援（新エンゼルプラン以降）や男性の働き方の見直しを推進する点にみてとれる。いわば性別役割分業に基づく問題を乗り越え，実質的な「子ども・子育て支援」へ向けた政策として，その成熟を読みとることができる。

一方，最近まで障害児の家族が子育て支援政策の射程外におかれていたことは確かである。上述のような子育て支援の政策的広がりと充実がみられる中，障害児の家族が文言として登場したのは，きわめて最近のことであり，2004年の少子化社会対策大綱であった。これに基づき同年に策定された「子ども・子育て応援プラン」では，4つの重点課題の1つである「子育ての新たな支え合いと連帯」における「(4) 特に支援を必要とする子どもとその家庭に対する

支援の推進」において，「③ 障害児等への支援の推進」が掲げられており，数値目標も示されている。また「自閉症・発達障害支援センター」の整備など，発達障害児およびその家族も支援対象として明確に位置づけられている。

　国レベルの子育て支援は，2015 年に施行された「子ども・子育て支援新制度」において，さらに拡充されたものとなった。本制度は，2012 年に参議院で可決・成立した子ども・子育て関連3法に基づいてはじまったものであり，全体として，量と質の両面において，子育て支援の拡充を図ることが軸となっている。『令和4年版障害者白書』によると，この「子ども・子育て支援新制度」の中で，障害児に関わる支援については，第1に「障害のある児童等の特別な支援が必要な子供を受け入れ，地域関係機関との連携や，相談対応等を行う場合に，地域の療育支援を補助する者を保育所，幼稚園，認定こども園に配置」，第2に「新設された地域型保育事業について，障害のある児童を受け入れた場合に特別な支援が必要な児童2人に対し保育士1人の配置を行っている」とされている。地域の各施設，事業において，障害児の受け入れをより積極的に行うようになっており，障害児の子育ての地域における社会化がようやく一歩前進したようである（内閣府 2022）。

　子育て支援政策の中に障害児の家族の支援は，ようやくはじまった段階としてとらえられ，かつ地域の施設や事業における子どもの受け入れが支援の中心といえる。

1.2　国の障害者福祉政策における障害児家族支援

　一方，障害者福祉政策において，障害児家族の支援はどのように位置づけられているのだろうか。従来から障害者福祉政策においては，療育支援を中心に家族の支援がなされてきたところであるが，発達障害児に関しては，「発達障害者支援法」の制定がその後の政策的動向に大きな影響を及ぼしている。2004年に公布された本法律は，発達障害を自閉症，アスペルガー症候群その他の広汎性発達障害，学習障害，注意欠陥多動性障害その他これに類する脳機能の障害として定義し，発達障害者の生活全般にわたる社会的支援を行うことを法制

化したものである。第1章でも述べたように，このうち第13条は「発達障害者の家族への支援」を定めたものであり，発達障害者の家族が適切な監護をすることができるよう，都道府県及び市町村が，児童相談所等関係機関と連携を図りつつ，相談及び助言その他の支援を適切に行う努力義務があることが記されている。すなわち発達障害者の支援に関し，障害者本人に対する支援にとどまらず，家族に対する支援の必要性が法律においても明確に規定されているということである。ただし，支援が努力義務であるように，明確な支援策が示されているわけではない。また「適切な監護」という文言に読みとれるように，発達障害児を養育することに関する支援の位置づけである。なお上述したように，この法律の制定は，「子ども・子育て応援プラン」に示したような子育て支援政策の他，文部科学省による教育政策にも大きな影響を及ぼしている。

2. 宮崎県における専門機関群の支援の実態─2012年の調査をもとに─

　次に専門機関群において，実際にどのような家族支援が行われているかについて検討することとしたい。調査対象としたのは，宮崎県においてフォーマルな支援を提供している機関，組織とし，県障害福祉課，児童相談所，保健所，教育委員会，発達障害者支援センター，精神保健福祉センターにおいて調査を実施した。具体的には各組織や機関で実施されている事業や取組みを把握するための聞き取り調査を行うとともに，文書資料の収集も行った。調査期間は，2012年5月から6月にかけてである。以下，それぞれの組織や機関が行っている事業，サービス，支援について，調査と文書資料をもとにまとめる。なお以下の内容は，2012年調査時点のものであるため，現段階の事業やサービスとは異なっている可能性がある。

2.1　宮崎県における専門サービス提供の実態

（1）宮崎県障害福祉課

　宮崎県において，障害児に関する事業，障害児の保護者を対象とする事業を

主に担当するのは障害福祉課である。課で行った調査によると，発達障害児及びその家族が対象となる事業としては，以下の4つがあるということである。

　第1に県内3ヵ所に設置されている発達障害者支援センターの運営事業があげられる。発達障害者支援センターは，後述するように，発達障害に関しての専門的な支援機関であり，同時に地域の関係機関や学校の連携体制における中心的役割を期待される機関として位置づけられる。宮崎県では他の都道府県と比較して早い段階から複数のセンターを設置し，支援の充実を図ってきた経緯がある。また県における発達障害者関連事業の中では，最も予算規模も大きいものとなっている。

　第2の取組みとしては，社会適応訓練事業がある。これは18歳未満で知的障害を伴わない発達障害児を対象にしているが，特に子どもに暴力行動がある場合や母親の心的ストレスが高い場合等，支援の緊急度の高いケースに対応するものとなっている。家庭生活や学校生活，社会生活への適応へ向けた支援が行われるが，同時に家族に対するレスパイト・サービスとしての意味合いも持っている。また学校や家庭に対し，対応や支援の方法について情報提供を行うことも行われる。本事業は発達障害者支援センターが附置されている障害児入所施設に事業委託がなされている。

　県の取組みの第3は，発達障がい者家族相談員養成事業である。これは，発達障害児（者）の保護者が相談員となるもので，ペアレントメンター事業とも呼ばれているものである。厚生労働省によるとペアレントメンターとは，「発達障害者の子育て経験のある親であって，その経験を活かし，子どもが発達障害の診断を受けて間もない親などに対して相談や助言を行う人のこと」（厚生労働省　2024a：第1段落）と定義されている。養成については，日本自閉症協会が2005年度から取り組んできたが，2010年からは厚生労働省も発達障害者支援体制整備事業の一環として推進しているものである。実際の養成は自治体で行われることとなっており，宮崎県においては2011年度から取組みをスタートさせているが，当該年度においては発達障害者支援センターにおいて相談員の養成を行い，コーディネーター1名，家族相談員12名が相談員として既に

登録を行ったところである。また 2012 年度から実際に相談を実施予定である。

　県の取組みとしてあげられる第 4 の事業は，身近な地域における相談窓口としての「そうだんサポートセンター」である。センターは，県内 13 ヵ所の施設におかれ，すべての障害に対応することとなっており，発達障害児の保護者も対象に含まれる。

　さらに県の取組みとして，全県下における支援計画の策定と実施もあげておきたい。宮崎県では 2009 年 3 月に「宮崎県発達障がい者支援体制整備計画」を策定している。この計画は，発達障害者のライフステージを就学前期，就学期，就労期の 3 段階に分け，現状分析に基づいて今後の支援計画を示しているものである。この中で就学期における専門機関，専門家として支援枠組みの中に入っているものは以下の通りであり，これらの機関が障害児の支援とともに療育の支援を行っていくものとされている。

学校：学校（担任，特別支援教育コーディネーター），特別支援学校（特別支援教育チーフコーディネーター）
相談：そうだんサポートセンター，児童相談所，市町村（保健師・自立支援協議会），専門家チーム，宮崎県発達障害者支援センター
医療：医療機関，宮崎県発達障害者支援センター
療育：宮崎県発達障害者支援センター，児童デイサービス，放課後児童クラブ，市町村（適応指導教室）

　また本計画においては，療育支援以外にも，保護者の心的側面への対応について触れられており，以下のような文言がみられる。

〈現状分析〉における記述
・「発達障がい児を持つ保護者にかかる精神的負担は大きく，保護者が気軽に悩みを打ち明け，相談できるような精神的なフォローやストレス発散の場が必要である。」(p.9)
〈今後の対応〉における記述
・「発達障がい児を持つ保護者の精神的不安の軽減を図る。」(p.9)
・「障がいに気付きにくくかったり，障がいをなかなか受容できない保護者のフォローを行いながら，地域の特別支援学校を核とした専門的な支援体制を構築するな

ど，学校の担任教師や特別支援教育コーディネーターから専門支援機関に円滑につないでいくシステムについて検討する。」(p.9)
・「障がい児を持つ親同士が気軽に悩みや相談ができるピアカウンセリングの場の設置拡大を図る。」(p.10)

(2) 児童相談所

　宮崎県において，児童相談所は宮崎市（中央児童相談所），都城市（都城児童相談所），延岡市（延岡児童相談所）の3ヵ所におかれている。中央児童相談所でヒアリングしたところによると，児童相談所が行っている相談事業において，発達障害児の家族が含まれるのは，療育手帳の交付を含む知的障害相談，適性相談，自閉症等相談の主に3つということである。こうした相談に関しては，学校を通して寄せられる相談もあるという。また非行相談，不登校相談を含む育成相談で対応しているケースの中にも，発達障害児への対応が含まれる場合もある。さらに夜間や休日も含め対応が行われる電話相談（中央児童相談所のみで実施）でも，発達障害児の家族が相談するケースがある。このように相談窓口の拠点としての機能が果たされていることがわかるが，児童相談所における統計データにおいて，発達障害という分類がないために，相談実数の正確な把握はなされていない。

　他機関との連携については，様々な体制が整備されている。第1は医療機関（病院，医師）との連携であり，児童相談所に相談があったケースで診断が必要な場合，また病院で受診した子どもにおいて療育手帳の交付が必要な場合における対応としての連絡体制が構築されている。第2は教育機関との連携があげられ，月に1度，後述する特別支援教育チーフコーディネーターと児童相談所の児童心理司によって会議が行われている。これは，児童相談所，学校現場で担当した子どもの支援のあり方や役割分担を協議することが主な目的となっている。第3に発達障害者支援センターとの連携があげられる。県がセンターに委託する形で実施されている社会適応訓練事業において，対象者の選定に関わる部分が児童相談所の役割となっている。

(3) 保健所

　保健所が果たしている役割は，主に乳幼児健康診査等を通した障害の早期発見にある。乳幼児健康診査は，母子保健法により，母子の保健指導，病気や障害の早期発見等を目的に行われているものである。また発達障害者支援法成立以降は，発達障害者支援法第 5 条「児童の発達障害の早期発見等」に基づき，発達障害の早期発見も目的の一つに含まれている。

　宮崎県中央保健所でヒアリングしたところによると，現在，健康診査は市町村が実施主体であり，1 歳 6 ヵ月児，3 歳 6 ヵ月児健康診査時において発達障害の発見につながることが多い。健康診査時に「要精密」とされた子どもたちから発達障害という診断がなされるケースがあり，その場合には，療育の専門機関や医療機関につなぐという対応がとられる。その後も市町村によっては，発達に関する相談の場においてフォローが行われたり，保育園・幼稚園と連携がなされることもある。

　また医療制度に基づいた訪問事業がなされているが，ここで発達障害についての発見がなされ，医療機関等につなぐケースもあるということであった。

(4) 教育庁特別支援教育室

　宮崎県では教育庁特別支援教育室を中心に，特別支援教育の体制整備と様々な事業がなされている。

　第 1 に，教員の理解を深め，実務に役立つことを目的とした様々な事業が実施されている。2007 年度の学校教育基本法の一部改正において特別支援教育の取組みがスタートしたが，これを受け，すべての管理職と教員を対象にした特別支援教育に関する研修を実施している。また研修以外にも，2007 年度に「特別支援教育ガイドブック」，2008 年度に「特別支援教育コーディネーターハンドブック」，2010 年度に「高等学校における特別支援教育ガイドブック」が作成されており，教員における理解，啓発の資料として活用されている。また研修は，各学校や県の研修センターにおいて，随時行われている。

　特別支援教育室で行った調査によると，現在，発達障害児は，ほとんどの学

校に含まれているため，それぞれの学校で支援体制を構築する必要があるという。そのための方策の1つが，特別支援教育コーディネーターの事業ととらえられていた。前述の学校教育法改正後，小・中学校では，特別支援教育コーディネーターを必ず1名以上指名することとなっている。また宮崎県においては，高等学校においてもコーディネーターを指名する体制がとられている。これらコーディネーターの役割としては，保護者からの相談を受けること，校内における連絡調整や支援体制の整備，関係機関との連携等が含まれる。また各地域における特別支援教育の推進，連携，調整の促進を図る役割を担うチーフコーディネーターが，特別支援学校に8名配置されているが，これは宮崎県独自の取組みとして行われているものである。支援体制構築に向けたその他の動向としては，特別支援教育に係る研究を行う目的での推進校が，高等学校において年間3校指定されている。

　子どもと保護者をともに支援するという観点からは，相談支援ファイルと呼ばれる子どもの成長記録の開発と活用の取組みがあげられる。これは，県で指定した2つのモデル地域において開発が行われたものであり，現在は県庁のホームページからダウンロードでき，今後の普及が期待されている。さらに親子支援の取組みとして特別支援教育連携協議会についても触れておきたい。これは県の3つの教育事務所において，それぞれ年に2回開催されているものであり，教育，医療，保健，福祉，労働分野からのメンバーで構成されている協議会である。地域における連携のあり方や親子支援のあり方等が検討されているが，特別支援教育室によると，今後は各市町村においてこの連携体制を構築していきたいということであった。

(5) 発達障害者支援センター

　発達障害者支援センターは，宮崎市（宮崎県中央発達障害者支援センター），延岡市（宮崎県延岡発達障害者支援センター），都城市（宮崎県都城発達障害者支援センター）の県内3ヵ所に設置されている。また出張相談所も設けられており，日南市で週に2度，高鍋町，西都市でそれぞれ週に1回ずつ相談活動が実施さ

れている。

　発達障害者支援センターが実施している事業は，① カウンセリングや各種機関との調整を行う相談支援，② 各種の検査や支援プランの作成，支援計画の実施が含まれる発達支援，③ 就労へ向けたアドバイス，情報提供，関係機関との連携を含む就労支援，④ 普及啓発・研修，の４つとなっている。また支援は，医療機関，保健機関，教育機関，福祉機関，労働機関との連携において行われている。

　県から委託された事業としては，上述したように，発達障がい者家族相談員養成事業，社会適応訓練事業などがある。また県の発達障害者支援開発事業において，発達障がい者支援マネージャーを県内に１名以上配置することとなっているが，これを宮崎県中央発達障害者支援センターの職員が担当している。

　センターで行ったヒアリング調査によると，新規の相談については，４～５ヵ月待ってもらわなければならない状況にある。また実際的な支援の頻度については，ケースごとに異なっており，週に１回，月に１回等様々である。また最近では，成人期の利用が増えつつあることが特徴として話された。この他に特筆すべきは，保護者と子どもの面談を別々に実施する等，保護者の心的側面や負担に配慮した対応がとられている点である。この取組みは，療育的な関わりに限定せず，保護者の生活をトータルに支援する姿勢があることを示している。

(6) 精神保健福祉センター

　精神保健福祉センターは，県民の精神衛生に関する知識の普及や調査研究，相談指導を行っている機関である。事業内容として，精神保健福祉相談事業における面接相談や電話相談，精神科医による診療相談が実施されているが，センターで行った調査では，現在のところ，発達障害児の家族からの相談はあまりないという。また自助グループへの支援を会場提供という形で実施しているが，これも発達障害者，また発達障害児の家族の会等の利用はまだみられない。

2.2　専門機関群のサービスの利用状況

さて上記では，宮崎県においてフォーマルに提供されているサービスの概要をまとめた。それでは，これらの組織や機関を利用する子どもや家族の実態はどのようになっているのだろうか。ここでは前述の「宮崎県発達障がい者支援体制整備計画」策定に向けて，宮崎県が 2007 年に実施した調査結果を紹介したい[2]。

・調査対象者の属性

調査対象者の属性であるが，子どもの年齢（図 5-1）は，小学校，中学校の学齢期が最も高く 44 %，未就学児が 31 %，16 歳以上が 18 % となっている。また子どもの診断名（図 5-2）は，広汎性発達障害が最も多い。

・最初に相談した機関

障害に気づいてから最初に相談した機関（図 5-3）は，児童相談所が最も高い比率で全体の 16.1 % を占めており，小児科，保健所もほぼ同程度の比率を占めている。

・療育の内容

現在，または過去に受けている療育の内容（図 5-4）としては，発達障害者支援センターが提供しているものが最も多く 47.3 % と，半数近くの回答者が利用したことがある結果となっている。それに続き，児童デイサービス（33.9 %），障害児通園施設（23.1 %）が多い。

・療育を受ける機関

上記の療育を受けている（受けていた）機関（図 5-5）としては，その他（県内）の比率が 27.8 % と高く，サービスの実施主体が県内の様々な福祉法人や NPO 等にまたがっていることが読み取れる。それに続くのは，発達障害者支援センターが 22.1 %，宮崎市総合発達支援センターで 12.6 % となっている。

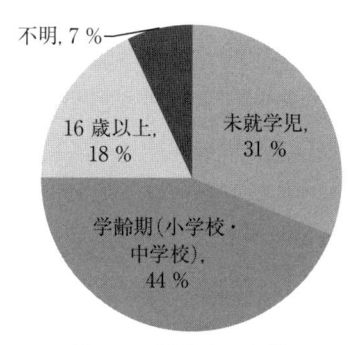

図 5-1　子どもの年齢

出所）宮崎県発達障がい者支援体制整備検討委員会（2009）より筆者作成

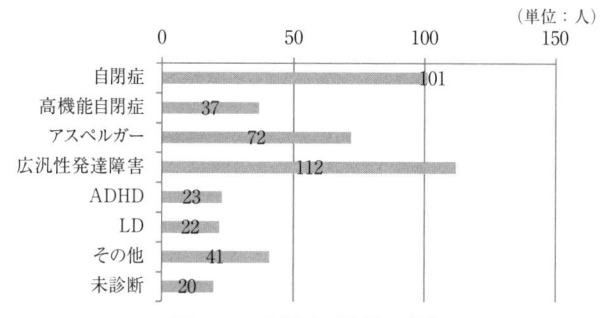

図 5-2　診断名（複数回答）

出所）宮崎県発達障がい者支援体制整備検討委員会（2009）より筆者作成

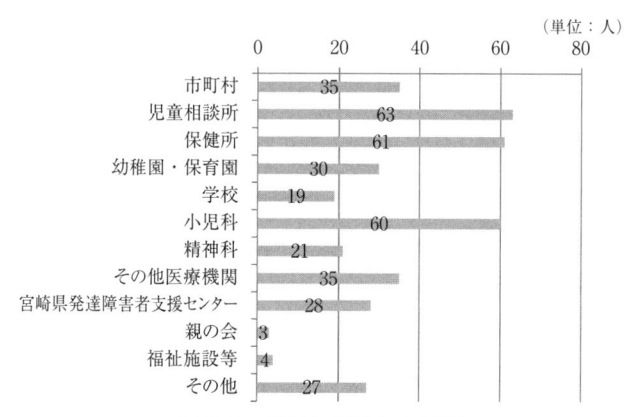

図 5-3　最初に相談した機関

出所）宮崎県発達障がい者支援体制整備検討委員会（2009）より筆者作成

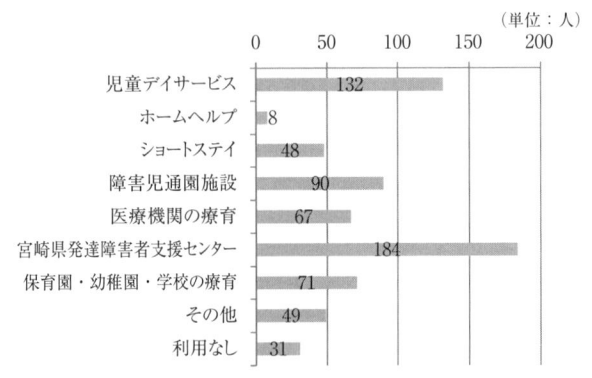

図 5-4　療育の内容（複数回答）

出所）宮崎県発達障がい者支援体制整備検討委員会（2009）より筆者作成

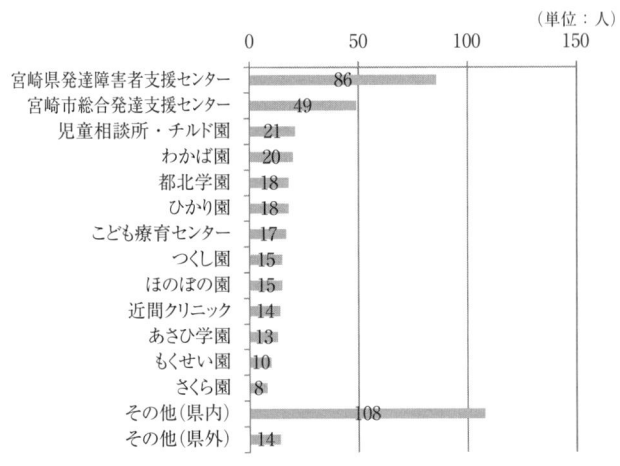

図 5-5　療育を受けている（受けてきた）機関（複数回答）

出所）宮崎県発達障がい者支援体制整備検討委員会（2009）より筆者作成

2.3　小　　括

　以上，発達障害児の家族に対するフォーマルなサービスの支援実態について，宮崎県の調査をもとにまとめた。

　宮崎県における専門機関群においては，それぞれの組織，機関で多様な支援がなされていることが明らかになった。特に療育に関する支援は多様であり，

機関をこえて連携する体制もある程度構築されていることが示された。また県の一部の事業や計画，発達障害者支援センターの取組みにおいて，保護者の心的負担等に配慮した支援やレスパイト・サービスとして考えられているものもあり，家族を支援が必要な当事者として位置づけていることがわかった。

　一方で，専門機関群によるフォーマルなサービスや事業の拡大が，そのまま需要サイドにおける満足につながっているとはいいがたい。まず支援が量的に各家族に十分に行き届いているかという点については，やはり楽観視できる状況ではない。上記に示したように，発達障害者支援センターは家族に対しても重要な支援拠点となっているが，相談まで待機しなければならない期間は，支援が充足していないことを示している。また支援の質という面でも，各組織，機関において，それぞれ支援メニューの多様化がみられるとはいえ，やはり療育支援が中心であり，子どもの発達を支援することに重きがおかれていることから，子どもに関するサポートが中心であり，家族を支援の必要な当事者としてとらえた支援はまだ少ないといえる。

3. 発達障害者支援センターにおける支援実態の分析—2016年, 2019年の調査から—

　発達障害の当事者，家族に対して専門サービスを提供する機関としては，上記に示したよう行政機関，教育機関，医療機関などが該当するが，本節ではその中で中心的な役割を果たしている発達障害者支援センターにおける調査をもとに分析を行うものである。第1に社会的資源である専門機関群がどのように配置されているのか，第2に障害児の母親がどのように社会財の整序化を行っているのか，という点を発達障害者支援センターの職員の視点を通して分析を行う。

3.1　調査対象と調査方法

　宮崎県中央発達障害者支援センター，宮崎県都城発達障害者支援センターにおいて調査を実施し，職員に対するインタビュー調査のデータ，収集した資料

を分析対象とした。インタビュー調査は，発達障害者支援センターにおける支援サービスの種類，支援サービスの具体的内容，サービス利用の実態，母親のサービス利用に対する職員の認識などの項目からなる半構造化インタビュー調査により実施した。調査期間は，2019 年 7 月から 8 月にかけてである。また比較のため，発達障害児の家族支援について，ペアレント・トレーニングなどの事業を先進的にはじめるなど，多くの実績がある奈良県発達障害者支援センターにおいても職員に対するインタビュー調査を実施した。奈良県での調査期間は，2016 年 6 月である[3]。両地域におけるインタビューデータの分析にあたっては，定性データ分析ソフト NVivo12 を使用した。なお発達障害者支援センターの職員に対する調査データを分析対象とするが，専門機関群としては自治体，医療機関，発達障害者支援センター・放課後等デイサービス・保育所など福祉部門の機関，学校や幼稚園などの教育機関を含むものとする。また以下のインタビュー調査データの引用の（　）内は，筆者による補足説明となっている。

3.2　発達障害者支援センターについて

　まずは発達障害者センターの制度的概要について改めて記しておく。発達障害者支援センターは，2004 年に施行された発達障害者支援法に規定された機関である。発達障害児（者）の支援を総合的に行う役割を持ち，都道府県と指定都市（人口 50 万人以上の都市）におかれることとなっている。2019 年 8 月時点では，全国に 96 か所のセンターがあるが，支援対象となる地域については，都道府県，指定都市ともに全域を支援対象とする場合と，分室，支所が設置されている場合がある。運営は，都道府県，指定都市によって直接運営されている形と，都道府県や指定都市が指定した社会福祉法人，特定非営利活動法人などが運営している形に分かれている。2019 年 8 月時点では，都道府県や指定都市による直接運営は，県が 21 センター，指定都市が 7 センターとなっている。一方で，委託運営は社会福祉法人によるものが 65 センター，地方独立行政法人，医療法人，特定非営利活動法人がそれぞれ 1 センターずつある。 職員は，専

門職とされる専任職員が 3 名以上配置されることとなっており，社会福祉士，臨床心理士，言語聴覚士，精神保健福祉士，医師等が専門職として該当する。行われる事業は，相談支援，発達支援，就労支援，普及啓発・研修の 4 つに大別されている（国立障害者リハビリテーションセンター 2019）。相談のケースに応じて，連携など柔軟な対応が行われていることが多い。

3.3　発達障害者支援センターにおける支援の実績

　調査を実施した発達障害者支援センターの概要と支援実績を示す。まずは宮崎県との比較のために，奈良県発達障害者支援センターで実施した調査の結果を示す。奈良県発達障害者支援センターは，奈良県全域を支援対象とするセンターである。運営は，社会福祉法人が受託しており，2018 年において常勤職員が 8 名という職員配置となっている。支援実績については，2017 年において相談支援・発達支援，相談支援・就労支援，関係機関に対する普及啓発及び研修の順となっている（表 5-1 参照）。

　家族に対する支援実績についてのデータを示そう。まず，相談者の内訳を示したのが図 5-6 である。2015 年度において，家族が半数を占め，次いで本人からの相談が多いことがわかる。次に支援対象となったケースの年齢層を図 5-7 に示した。これによると乳幼児期が 4.4 %，小学生 13.1 %，中学生・高校生が 14.6 %であわせて 3 割強の比率となっており，高校生以下の子どもを持つ家庭に対する支援は全体の約 3 割となっていることがわかる。

　奈良県発達障害者支援センターにおいて，保護者を独自に支援することを目的としたものについては，ペアレント・トレーニングやペアレントメンター[4]の

表 5-1　発達障害者支援センター実績（2017 年度）

	奈良県	宮崎県
1. 相談支援・発達支援 ：実数（人）	640	1214
2. 相談支援・就労支援 ：実数（人）	186	230
3. 関係施設及び関係機関に対する普及啓発及び研修 ：実数（件）	14	104

出所）国立障害者リハビリテーションセンター（2019）より筆者作成

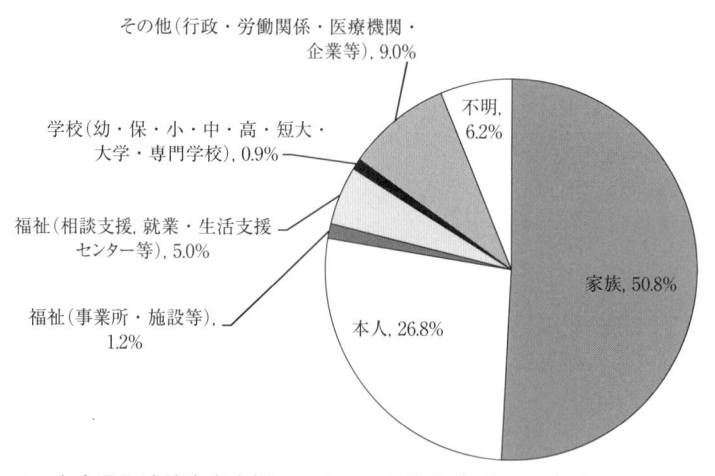

図 5-6　奈良県発達障害者支援センターの相談者（新規のみ）内訳（2015 年度）
出所）奈良県発達障害者支援センター資料をもとに筆者作成

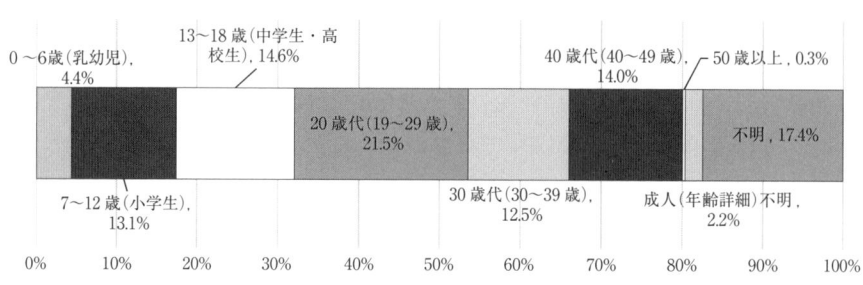

図 5-7　奈良県発達障害者支援センターの支援件数の年齢別（新規のみ）内訳（2015 年度）
出所）奈良県発達障害者支援センター資料をもとに筆者作成

事業があげられる。ペアレント・トレーニング事業は 2006 年から 2014 年まで独自に実施した実績を持つ。またペアレントメンター養成講座，ペアレントメンターの交流会も定期的に実施されている。事業実績としては，2015 年度のペアレントメンター養成講座には，24 名が参加し，24 名が活動登録者となっている。また幼児期から学齢期の子どもを育てる保護者を対象とする講座も実施されており，2016 年度事業計画においては，120 人の参加が予定されている。このように同センターでは，保護者を対象とした事業が複数にわたって展開さ

れていることがわかる。

　次に宮崎県の概要について示す。上述したように，宮崎県には，宮崎県中央発達障害者支援センター，宮崎県延岡発達障害者支援センター，宮崎県都城発達障害者支援センターの 3 つがあり，地域に分かれた形で運営がなされている。運営は，社会福祉法人が受託しており，職員配置は，2019 年度において 3 センターをあわせ，常勤職員が正職員 13 名，非常勤職員 6 名となっている。

　支援実績は，先ほどの表 5-1 に示している。奈良県と同じく相談支援・発達支援，相談支援・就労支援，関係機関に対する普及啓発および研修の順となっているが，すべてにわたって，奈良県よりも実数が多くなっている。これは，発達障害に関する相談機関が県内において他にあまりみられず，一極集中的になっていることがその要因として考えられる。

　奈良県とはデータのとり方が異なるが，相談者については，2018 年度において，本人・家族が 94.1 ％，関係機関からの相談が 5.9 ％という比率となっている。また 2018 年度の相談者の年齢別データを図 5-8 に示した。3 地域センターともに小学生にあたる年齢の相談が 3 割から 5 割，中学生までを含めると 6 割弱から 7 割，高校生までとなるといずれのセンターも 7 割を超える比率となっている。センター職員の話によると，統計上の明確な区分けはできないが，18

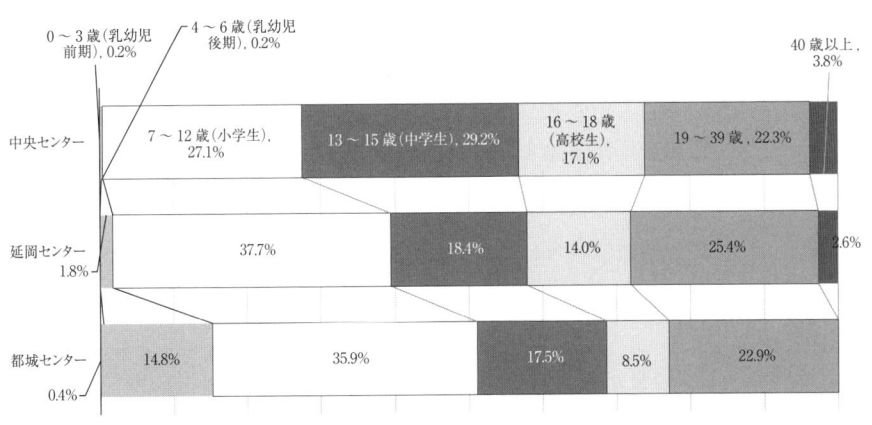

図 5-8　2018 年宮崎県発達障害者支援センター相談者の内訳

出所）宮崎県発達障害者支援センター資料をもとに筆者作成

歳以下は，家族からの相談，18歳以上は家族と本人が半分に分かれるということである。これらのデータやセンター職員についての話を総合し，奈良と比較すると，宮崎では，特に高校生以下の子どもの家族からの相談の比率が多いことがわかる。

　相談以外の家族に特化した支援としては，ペアレントメンター養成講座が実施されている。宮崎県中央発達障害者支援センターでは2011年度から，宮崎県延岡発達障害者支援センターでは2012年度から毎年実施されているが，3つのセンターの協力関係により行われているとのことである。なおペアレント・トレーニング事業は実施されていない。

　以上をまとめると，宮崎では，家族に対する支援は，相談事業の中で主に取り組まれており，かなり多くの相談実績があることが示された。また，奈良と比較して，高校生以下の年齢においての相談が多いこともわかった。家族に特化した支援としては，奈良県では，多様に取り組まれていたが，宮崎県ではペアレント・メンター事業のみが取り組まれており，その他の支援は特にみられなかった。

3.4　家族に対する専門サービスに関する評価

　次に家族に対する専門サービスについて，宮崎県における発達障害者支援センターの職員たちがどのように評価しているのか，という点を検討する。なお前述した通り，ここで検討する専門サービスは，発達障害者支援センターによるサービスに限定せずに議論する。調査からは〈専門サービスの量が少ない〉，〈専門サービスの質に問題がある〉，〈サービス提供において地域格差がある〉，〈教育の場での支援に問題がある〉の4点が析出された。以下，それぞれの内容について述べる。

　〈専門サービスの量が少ない〉

　第1に専門サービスの量が不足している点が認識されていた。具体的な問題点としては，診断が可能な医師が不足しており医療面のサービス供給が足りて

いない点，行政機関や発達障害者支援センターといった福祉機関のサービス不足が感じられていた。またこのサービスの量的不足と関連した問題として，支援サービスにつながる時間の長さも問題として感じられていた。

　まずは医療サービスに関しては，以下の語りがみられる。

　　宮崎の医療の現状がですね，なかなか宮崎市内に（発達障害児をみてくれる病院が）数か所しかなかったりとかっていうところもあって[5]。

　　例えば，うち（発達障害者支援センター）のほうで初回相談であったりとかを，あとはその後のアセスメントとして心理検査だったりとか，成育歴の聞き取りとかですね，色々させていただいた後，どうしても医療に行きたい（というケースもあります）。でも○○病院は，（予約まで）もう2，3か月待ちで時間が（かかります）。で△△病院は，もう今，女医さん（が発達障害の担当）なんですけど，今育休中なんですよね。11月まで育休のご予定なので，ちょっともう無いってなったときに，宮崎市内のいくつかの病院には，うち（発達障害者支援センター）からの紹介っていうのではなくて，保護者の方が（診察の）問い合わせをいただいて（いる状態です）[6]。

　このように発達障害に関する専門病院や発達障害について診断や診療をしてくれる医師が少ないことが示される。また診察の予約まで時間がかかり，発達障害者支援センターを通さず，家族が自力で病院を探している，といったことが認識されている。

　次は専門機関サービスの不足の問題についての語りである。

　　（発達障害者支援センターでの支援）対象としては0歳から成人の方までっていうことになるので（対応するケースが多く），なかなかそのお母さん方からそのお話をいただいて，まあ学校のほうに明日，明後日っていう形で介入できるっていうわけではないので，どうしても（学校への介入も）待っ

ていただいたりとか。[7]

　(発達障害者支援センターも) 数人のスタッフでやっていて，ぎちぎちで
やっている中で，もう研修ばっかりとか，それを勉強するためにしたりと
か，地域に戻って，またその研修をやったりとか。それよりも地域にどん
どん行かなくちゃいけないのに，今もうその余裕が本当に (ない)。どの発
達障害者支援センターも (余裕が) あるのかっていうと，実際ない。[8]

　こうして，学校とのケース会議を持ちたくても学校介入までの時間がかかり，
待ってもらうという問題や，実際の支援が始動するまでの時間が長くなってい
ることが示される。また専門機関自体，余裕がなく，サービスが行きわたって
いないことも語られる。

〈専門サービスの質に問題がある〉
　第2に専門サービスの質についても問題が感じられていた。その具体的内容
としては，サービスの質が担保できていない問題や，発達障害に関し専門性の
不備があることが含まれていた。
　まずサービスの質が担保されていない問題の語りを引用する。

　(放課後等デイサービスの事業所は) 劣悪なところもありますし，劣悪じゃ
ないところも (あります)。劣悪だって言ってるのは，本当に劣悪だと思う
んですけど，ちゃんとあるところも，それは，それはですよ。(提供してい
るサービスについて) 療育機関がやることなのかって，いうところもいっぱ
いありますから。本来届くべき療育内容をやってるところがどれぐらいあ
るかっていうところはやっぱり考えないと (いけない)。[9]

　このように特に近年事業者が増えている放課後等デイサービスの事業所や療
育機関で提供されるサービスの質の問題が懸念されている。

　次にフォーマルなサービスを提供する専門機関の職員において専門性が十分に備わっていない問題についての語りを引用する。

　　相談事業所はいっぱいあるんですけど，発達障害の知識があられるか，というと無い状況なので，かなりそこが厳しい。(中略) ステップを踏まなくちゃいけないのに，ステップを踏まないで，(発達障害児を) みんなの中にぶっこんだら，社会性が身につくっていうのはあまりに無知識すぎます。相談事業所として知識がなさすぎますよ。[10]

　　障害受容が専門家 (の人たちの) 間で全然できてないですね。つまり発達障害の障害受容が専門家ができてないですね。はい。全然ですね。それはもう1年間いろんな方と話したらすぐわかりますね。[11]

　以上のように，発達障害に関する知識が伴わず，専門サービスが提供される実態について問題が感じられている。また障害受容の問題についても触れられており，障害に対する理解が低い状態でサービス提供が行われている問題が認識されていることが示されている。

〈サービス提供において地域格差がある〉

　第3に専門サービスにおける地域格差の問題が示されていた。この問題は，地域の重層的レベルで感じられており，宮崎県は他地域と比べて専門サービスが少ないこと，また宮崎県の中でも都市部よりも農村部においてサービスが整備されていないことが認識されていた。

　まず宮崎県は，他の都道府県と比べて専門サービスが少ない点の指摘の引用である。医師数に関して，他地域と差があることが述べられる。

　　まだまだ (医師が) 不足してると思いますね。他県に比べたらですね。(中略) 少ないです。圧倒的に少ないと思いますね。[12]

続いて，県内でもより農村部においてサービス体制が整っていない問題の引用である。サービスを提供する体制自体が整っていないことが示されている。

> この間，片田舎の，宮崎県のほんとに過疎地域の小学校のPTAの親御さんから言われて（その地域にペアレント・プログラムの講師で個人として）行ったんです。（支援サービスが）届いてないですよね。そういうペアレント・トレーニングで学ぶっていう体制が，どんな中でも届いてない。[13]

〈教育の場での支援に問題がある〉

そして最後に教育の場における問題が認識されていた。具体的には特別支援教育制度そのものの問題，教員の質の問題の2つの問題が感じられていた。まず特別支援教育制度の問題についての語りを引用する。

> 都城市（は），特に小中学校の支援学級の入級条件っていうのが，発達障害の診断があること（が入級条件）っていう（ことになっています）。ちょっとこうハードルを上げてしまっているので，非常に，ちょっと自分たちもそこでやりにくさっていうのは感じているところがあってですね。（中略）（ほかの市では診断が）無くても幅広く受け入れられているので。なので支援学級の各小中学校の数をみても，もう圧倒的に違いますね。宮崎市なんかは，ちょっと規模の大きい学校なんですけど，情緒学級が3クラス4クラスあるので。都城は2個ある学校が珍しいぐらいなので。[14]

こうして医療制度において発達障害であるという診断がなされていないと教育上の支援がスタートできない問題が示される。また特別支援学級が少ない問題も認識されていることがわかる。

続いて教員の質の問題についての語りである。教員によって，子どもの状態が変化しうることが多くあり，それに対する保護者の悩みがあることが語られる。

（学校の先生に関しては）悩みというよりかは，やっぱりお母さん方の歯がゆさであったりとか，上手くいかなさっていうところが多くなるんじゃないかなとは思うんですよね。苦しそうですよね。どうしてもこう，宮崎県全体（の問題）だと思うんですけど，やっぱり都城市内のほうも，学校であったりとか，受け持たれてる支援学級の先生によって，かなりやっぱりお子さんに出てくる影響っていうのが違ってくるので。わりと去年までは落ち着いてて過ごせたお子さんが，やっぱり担任の先生が変わられちゃったりとかして一気に崩れちゃったりとか，軸になられた先生が異動になられて別の小学校とかに行かれると，学校全体がなんかこう上手く機能してなかったりとかっていうことが，割とよく起こるので。そのあたりでも多分親御さんはかなり，この間まで落ち着いてたのになっていう中でも，やっぱり悩まれたりとかっていうのが大きいかなとは思いますけどね。[15]

3.5　母親の専門機関群の整序化プロセス—〈専門サービスを積極的に利用しない〉—

　最後に母親がどのように専門機関サービスを整序化しているかの，という点について検討する。この整序化プロセスでは，〈専門サービスを積極的に利用しない〉という状況が見出された。具体的には，母親や子ども自身で何とか障害に対応しようとする，またできてしまう状態までは，専門サービスにつながらない，という認識であった。

　　いや，割と診断ももう受けててですね。受けてて，うち（発達障害者支援センター）なんかにもつながってないし，放課後デイさんとかも使われてなかったりとかするんだけど，わりとこう，適応してきて，高校ぐらいでポンとうちにご相談に来られるとかっていうケースもあったりするので，はい。[16]

　　ただ，ある程度，こう本当にいろんな所に関わらず，つながらずに上手く適応されてるっていう方も一定数やっぱりいらっしゃったりするので。

お母さん方の対応が上手くいってたりとか，もちろんご本人さんが持たれてる個性とか，おかれてる環境によってっていうところには左右されるんですけど[17]。

　こうして障害児や母親自身でなんとか対応しているケースが一定程度あるという問題が示される。そして宮崎で認識されていた消極的な利用姿勢とは対照的に，奈良では，専門サービスを積極的に使う姿勢があるとの認識がみられた。具体的には，専門サービスの情報を積極的に収集するというあり方と，専門サービスを積極的に活用するという内容がみられた。情報を積極的に収集するという点，また専門サービスを積極的に活用するという点がみられた。その語りを下記に引用する。

　　何（のサービス）を使ったらいいのかっていう情報を皆欲しがっているので。そのために親の会とつながられたりとか，他の親御さんと情報交換をして，使えるものをどんどん使っていこうみたいな。(中略)あのー，積極的な方はね，そんな感じの方，多いと思います[18]。

　次に専門サービスを積極的に活用する，という点である。支援サービスを積極的に利用しようとする姿勢が示されている。

　　割り切ってる親御さんは，どんどん支援を使おう，みたいな[19]。

　こうして保護者支援が盛んな奈良県では，母親自身も積極的に専門サービスを活用しようとしており，子どもの療育のために積極的に情報収集を行いながら専門サービスにつながっていく母親の行動，また専門サービスを積極的に利用する行動としてみなされていた。一方で，宮崎県でも，第3章，第4章で示した調査からは，専門サービスに必死につながろうとする母親の姿が見出されている。このことは，〈専門サービスを積極的に利用しない〉という姿よりも，

やはり情報の少なさやサービスの少なさで，専門サービスにつながりにくい，ということを示しているように解釈できるように思う。

　またこのデータだけで一般化することはできないが，支援サービスの多さが，母親の整序化過程における積極性につながり，支援サービスの少なさが，母親の整序化過程における消極的（にみえる）行動と関連していることが示唆される。

4.　まとめ

　本章では，専門機関群に対する調査分析をもとに，発達障害児の母親にとっての，専門機関群からの支援実態について分析を行った。

　まず宮崎県における発達障害児の家族に対する専門サービスを全般的を検討した。それぞれの組織，機関で療育を中心として，多様な支援があることが明らかになった。一方で，サービスを受けるまでの待機時間などを考慮すると，サービスの量が充足していないことも示された。また，子どもの療育や子どもの相談がサービスの中心であり，子どもの発達に関わる支援が中心であることがわかった。

　次に専門機関群の中でも，発達障害に関しては中心的な役割を担っている発達障害者支援センターにおいて行った調査をもとに分析を行った。宮崎県の発達障害者支援センターの事業実績からは，相談支援・就労支援や研修などに関する利用よりも，相談支援・発達支援の利用がはるかに上回っていることがわかった。また相談者の中では，年齢段階が低いころから高校生までの発達障害児からの相談が7割以上を占めており，子どもの時期での家族からの相談が多いことがわかった。続いて発達障害者支援センターの職員に対するインタビュー調査からは，支援サービスの量の不足や提供される質の問題もみられることがわかった。またサービスの量や質については，地域差があり，都市部に偏重している傾向が明らかとなった。そして母親の社会財の整序化過程に関しては，地域における資源の多寡が影響していることを示唆する結果となった。

注

1) 3つの法律とは,「認定こども園法の一部改正法」,「子ども・子育て支援法」,「子ども・子育て支援法及び認定こども園法の一部改正法の施行に伴う関係法律の整備等に関する法律」である。

2) 図1から図5の説明において示した比率は,筆者が算出したものであり,報告書に示されていた実数を全回答数389で除したものである。

3) 発達障害者支援センターに対するインタビュー調査は,奈良県では2016年,宮崎県では2019年に実施しており,調査時期が異なっている。

4) ペアレントメンター養成事業については,民間ベースにおいて日本自閉症協会が行っていたが,2010年より厚生労働省が「発達障害者支援体制整備事業」の一つにペアレントメンターを位置づけた。このことにより自治体,発達障害者支援センターが,地域の自閉症協会や発達障害関連の親の会と協力してペアレントメンター養成研修を実施するという官民協働の取り組みが増えている(特定非営利法人日本ペアレント・メンター研究会,2018)。

5) 2019年8月21日　宮崎県都城発達障害者支援センター職員へのインタビュー調査時における発言。

6) 2019年8月21日　宮崎県都城発達障害者支援センター職員へのインタビュー調査時における発言。

7) 2019年8月21日　宮崎県都城発達障害者支援センター職員へのインタビュー調査時における発言。

8) 2019年7月22日　宮崎県中央発達障害者支援センター職員へのインタビュー調査時における発言。

9) 2019年7月22日　宮崎県中央発達障害者支援センター職員へのインタビュー調査時における発言。

10) 2019年7月22日　宮崎県中央発達障害者支援センター職員へのインタビュー調査時における発言。

11) 2019年7月22日　宮崎県中央発達障害者支援センター職員へのインタビュー調査時における発言。

12) 2019年8月21日　宮崎県都城発達障害者支援センター職員へのインタビュー調査時における発言。

13) 2019年7月22日　宮崎県中央発達障害者支援センター職員へのインタビュー調査時における発言。

14) 2019年8月21日　宮崎県都城発達障害者支援センター職員へのインタビュー調査時における発言。

15) 2019年8月21日　宮崎県都城発達障害者支援センター職員へのインタビュー調査時における発言。

16) 2019年7月22日　宮崎県中央発達障害者支援センター職員へのインタビュー

調査時における発言。

17）2019 年 8 月 21 日　宮崎県都城発達障害者支援センター職員へのインタビュー調査時における発言。

18）2016 年 6 月 20 日　奈良県発達障害者支援センター職員へのインタビュー調査時における発言。

19）2016 年 6 月 20 日　奈良県発達障害者支援センター職員へのインタビュー調査時における発言。

第6章

発達障害児の母親にとっての対人的支援
——ソーシャル・サポート分析に基づいて——

　本章は，第5章に引き続き，母親たちが生活問題を解決するにあたっての社会財との関わりについて検討するものである。第5章では，専門機関群のみ考察したが，本章では，これに加え，もう1つの社会財である相互扶助的提供主体群の関わりについても検討を行う。第3章，第4章の分析では，〈良好ではない周囲との関係性〉という問題が見出されており，専門機関群に加えて，相互扶助的提供主体群の整序化プロセスがあまり機能していないことが示唆された。本章は，ソーシャル・サポートの概念を用い，母親たちにとって，フォーマルな提供主体群，インフォーマルな提供主体群がどのように問題解決へ向けて働いているのか，改めて検討を行うものである。

1. ソーシャル・サポート概念についての検討

　まずは本章で分析に用いるソーシャル・サポート概念について整理をしておく。ソーシャル・サポートは，John Cassel (Cassel 1974) によって提起され，その後 Gerald Caplan (Caplan 1974) によって定義がなされた概念として知られており，1980年代を中心に盛んに研究が行われてきた。その研究史については，James House ら (1988)，浦光博 (1992)，稲葉昭英ら (1987) に詳しいが，統一的な定義を見出すことは困難である点については，共通理解が得られているところであろう[1]。また研究方法についても，「ソーシャル・サポートに対してさまざまな概念が与えられ，それに応じてさまざまな測定法が試みられてきた」(久田 1987：175) という指摘にあるように，多くの研究方法が開発されている。

　一方，ソーシャル・サポート研究に共通する主題が，「人間の健康と対人関係の関連性の解明」(浦ほか 1989：78) であったこと，つまり対人関係のありようがわれわれの心身の健康状態にどのような影響を及ぼしているのか，という点にあったことは異論がないだろう。またその主題を追い求める中で，「中範囲での膨大な研究が積み重ねられ，定期的なレビューによってそれまでの知見の整理と，今後にすすむべき方向が示唆され，研究自体が効率的に進展した」(稲葉 2007：73) といえる。このような研究の進展により，対人的関係性として概念化されたソーシャル・サポートが，心理的，身体的健康状態と関連していることが主な知見として導き出され，広く浸透した。概念や測定方法の多様さは否めないとはいえ，多くの検証の試みから有益な研究成果として上記の知見が導き出された。特にストレスの問題など現代社会特有の課題を見据えてきたことから，ソーシャル・サポート研究は，注目され，評価され続けてきたのであろう。

　本章においては，発達障害児の母親の生活問題を解決するにあたっての社会財として，専門機関群と相互扶助的提供主体群の両者を取り上げ，対人的な支援実態について考察を試みることとしたい。このため，対人関係の概念化であり，良好な健康状態やストレス緩衝効果との関連性が立証されてきたソーシャル・サポートを援用することは有用であると思われた。またこれまでの育児支援研究の中でも，ソーシャル・サポート概念を用いた研究が積み重ねられており，育児におけるソーシャル・サポートの有効性が立証されていることも，本章でソーシャル・サポート概念を採用することにした理由である。

2.　これまでの障害児家族におけるソーシャル・サポート研究

　発達障害児の家族のソーシャル・サポート研究については，これまであまり蓄積がないようである。発達障害児の親の研究動向を整理した通山久仁子は，2010 年 9 月の段階で国立情報学研究所による NII 論文情報ナビゲータ (Cinii) を用いてこれまでの研究の分類を行っており，「親のストレス・負担感に関す

る研究」等，6つのカテゴリーを導き出している（通山 2011）。しかしこの中に，ソーシャル・サポート研究は含まれていない。また同様に，太田顕子は，太田自身がソーシャル・サポート研究を実施する前は，「発達障害のある幼児児童を育てる母親に着目した先行研究はほとんど行われていない」（太田 2010：36）と述べている。

　しかし，これまで全く研究が行われてこなかったわけではない。上記の太田は，発達障害児の母親のソーシャル・サポートの認識という視点からの研究を行っている。この研究ではサポート源として，親密な他者と専門機関とにわけて分析が行われ，親密な他者においては，「家族からのサポートと仲間からのサポートの記述統計量を比較した結果，道具的サポートを除くすべてのサポートにおいて家族よりも仲間の方が高く認識されていた」（太田 2010：42）こと，専門機関においては，「医療機関や福祉機関よりも，最も教育機関からソーシャル・サポートを受けていると認識していること」（太田 2010：43），等の結果が明らかにされている。

　また自閉症児の母親におけるソーシャル・サポートについて研究を行った湯沢純子らは，17のサポート源を設定しているが，母親が助けになっていると感じているサポートは，「同じ障害児の親」，「子どものきょうだい」，「親の会」，「療育・訓練をする人」，「夫」の順に評価が高くなっていたことを示している。またソーシャル・サポートと子育てに対する意識との関連についての分析を試み，サポート源の中で「同じ障害児の親」が，母親の子育てにおける「悲観的な気持ち」と負の相関，「自己成長の気持ち」と正の相関がみられたこと，また「保育園または幼稚園」，「友人」，「近所の人」といったインフォーマルなサポート源が，「子育てに対する前向きな気持ち」，「自己成長の気持ち」と正の相関，「悲観的な気持ち」，「障害を受け容れられない気持ち」と負の相関が示されたことなどを明らかにしている（湯沢ほか 2007）。

　これらの研究からは，同じ障害児の親・仲間や親の会で知り合った人が有効なサポート源となっていること，インフォーマルな関係性もサポート源になっていること，さらに子どものきょうだいもサポート源であること，専門機関と

しては，教育機関や療育・訓練をする人がサポート源になっていることが示されている。またこれらのソーシャル・サポートが子どもに対する肯定的な気持ちに影響を与える可能性も示唆されていると言えよう。しかしながら，これらの研究結果のみで，発達障害児の母親のソーシャル・サポートの実態を明確に示せたとは言い難い。本書では，第3章において，ソーシャル・サポートの脆弱性が見出されているが，今一度，ソーシャル・サポートの実態を丹念に検証する作業を行いたいと思う。また本章においてはこれまでの研究の少なさをふまえ，探索的に分析することを試みたい。

3.　研究の方法

3.1　調査の方法

　本章では，発達障害児の母親のソーシャル・サポートの実態について探索的に明らかにするために，第3章でも用いた団体Aにおける茶話会でのデータを使用することとした。第3章でも述べたが，調査の方法について本章でもその概略を再度示しておく。本調査は，複数の研究協力者が設定の時間内において任意に発言してもらう形式で行っており，自由な語りから，調査者の想定していない問題も含め，様々な問題や実態を発見，抽出することに目的をおいている。宮崎県における団体Aの協力のもと，2011年度より継続的に実施してきた。調査協力の依頼に関しては，まず団体Aにおける2011年度，2012年度の総会の場で調査協力についてのお願いを口頭と文書で行った。あわせて毎月の調査開催期日の前に，その都度，団体Aのホームページや団体会員に対するメールを通した案内を行い，参加者を得た。

　本調査の倫理的配慮としては，総会で調査の説明，依頼を行った際に，研究の目的，方法，成果の発表方法，あわせて人権擁護に向けた配慮を具体的に説明し，加えて上記を記した文書を配布している。またそれぞれの調査時にも，その冒頭において研究の目的等についての説明を再度行い，研究協力者から十分な理解を得られた場合のみ，調査を実施した。

実際の調査時には，当事者同士の自由な語りを分析するという研究の趣旨に基づき，子どもの年齢，障害種別などを含み，1人ひとり自己紹介を行ってもらった後，話したいことを自由に話してもらうよう依頼する形で実施した。調査時間は1回の調査において2時間程度を設定した。なお調査内容は，研究協力者の了解のもと，ICレコーダーによる録音を行っている。

3.2　分析の対象

　本調査は，先述したように任意に発言してもらう形で実施しており，ソーシャル・サポートについての質問をあらかじめ用意していたわけではない。従って研究協力者の母親のソーシャル・サポートの実態を網羅的に把握できていない可能性もあるが，当事者どうしで話を進める中で，ソーシャル・サポートに該当する発言も多くみられたことから，データとして用いることとした。

　本章で分析対象としたのは，2011年5月から2013年3月にかけて行った17回の調査に参加した発達障害児の母親33名の発言データである[2]。また発達障害に含めたのは，前章までと同様，2013年に改訂されたアメリカ精神医学界の診断基準DSM-5に基づくこととし，知的障害（知的能力障害），コミュニケーション障害，自閉スペクトラム症（ASD），ADHD（注意欠如・多動症），学習障害（限局性学習症，LD），発達性協調運動障害，チック症を含むこととした（American Psychiatric Association 2022=2023；厚生労働省 2024b）。分析対象とした33名の母親のうち，3名については子どもが発達障害として未診断の状態であったが，精神科医に確認してもらい，発達障害児に含まれるであろうとの判断をした[3]。

　ケースの詳細については，表6-1を参照されたい。先に示した通り本章では発達障害児の母親を分析対象としていたが，さらに調査時において高等学校に通う年齢までの子どもを持つ母親に限定することとした[4]。なお表6-1を含め，診断名は，調査中，いずれも医療機関において診断されたとして発言されたものを，DSM-5の基準にそって再度分類を行ったものである。例えばアスペルガー症候群は，自閉スペクトラム症とする方法によって記載している。また表

にも示しているケース A から AG までのアルファベットの順番は，調査における発言の順となっている。

3.3　分析の方法

　分析については，ソーシャル・サポートの質的分析を行った峰島里奈 (2008) の研究を参考にしつつ，以下の手順で行った。まず前述の調査の録音データを逐語録として文書化した。次に逐語禄からソーシャル・サポートに関する記述を全て抽出した。その後，そのソーシャル・サポートが誰から提供されたものであるか，すなわちサポート源についての整理を行った。またソーシャル・サポートの種類についても分類を行った。この分類にあたっては，浦 (1992) によるソーシャル・サポート概念の解説を参考に，「何らかのストレスに苦しむ人にそのストレスを解決するのに必要な資源を提供したり，その人が自分でその資源を手にいれることができるような情報を与えたりするような働きかけ」（浦 1992：58）の前半の記述にあたるものを「道具的サポート」，後者の記述に該当するものについて「情報的サポート」とした。また「ストレスに苦しむ人の傷ついた自尊心や情緒に働きかけてその傷を癒し，自ら積極的に問題解決に当たれるような状態に戻すような働きかけ」（浦 1992：58-9）については「社会情緒的サポート」とした。すなわち抽出されたソーシャル・サポートの記述について，道具的サポート，情報的サポート，社会情緒的サポートの 3 つのどれに相当するかの分類を行った。さらにこれらのサポートの具体的内容についてもまとめた。最終的にサポート源別にサポートの種類と具体的内容をまとめた表 (表6-2)，事例とサポート源の対応表 (表6-3) を作成した。

　なお以下では，サポート源については〈　〉，サポートの具体的内容については【　】で示している。○○，□□，△△の表記は障害児や障害児のきょうだい，団体 A の会員の名前として出てきた発言を置き換えたものとなっている。

表 6-1　研究

調査日\ケース	①\参加者\2011.5.13	②\参加者\2011.6.3	③\参加者\2011.7.8	④\参加者\2011.8.9	⑤\参加者\2011.9.9	⑥\参加者\2011.10.7	⑦\参加者\2011.11.11	⑧\参加者\2011.12.2	⑨\参加者\2012.1.10	⑩\参加者\2012.3.2	⑪\参加者\2012.6.15
A	○	○		○	○	○	○	○	○	○	○
B	○		○						○	○	○
C	○		○		○	○	○	○	○	○	○
D	○										
E	○			○							
F	○	○						○			
G	○										
H	○	○	○			○					
I	○										
J	○										
K		○						○			
L		○									
M				○		○					
N				○		○	○				
O				○							○
P					○		○			○	
Q						○					
R						○					
S							○	○	○	○	
T							○				
U								○			
V								○			
W											
X											
Y											
Z											
AA											
AB											
AC											
AD											
AE											
AF											
AG											
合計	10名	5名	3名	5名	3名	7名	6名	7名	4名	5名	4名

対象者の一覧

障害の分類	子ども（障害児のみ）の年齢・性別	⑫ 2012.7.13 参加者	⑬ 2012.8.31 参加者	⑭ 2012.9.28 参加者	⑮ 2012.10.19 参加者	⑯ 2012.12.29 参加者	⑰ 2013.3.22 参加者
知的障害	15歳・男児	○					○
自閉スペクトラム症 / 自閉スペクトラム症	17歳・女児 / 15歳・女児	○	○	○	○	○	○
自閉スペクトラム症 / 自閉スペクトラム症	19歳・女児 / 15歳・女児		○	○	○		○
自閉スペクトラム症 / 自閉スペクトラム症	19歳・男児 / 18歳・女児						
自閉スペクトラム症 / 自閉スペクトラム症	13歳・男児 / 13歳・男児						
自閉スペクトラム症 / 自閉スペクトラム症	14歳・男児 / 12歳・女児						
自閉スペクトラム症・ADHD（注意欠如・多動症） / 自閉スペクトラム症	13歳・男児 / 7歳・男児				○		
自閉スペクトラム症	15歳・男児						
知的障害	15歳・女児						
自閉スペクトラム症	14歳・男児						
知的障害	17歳・男児						
自閉スペクトラム症	6歳・男児						
自閉スペクトラム症	10歳・男児						
学習障害・自閉スペクトラム症	17歳・男児	○	○			○	○
自閉スペクトラム症 / 自閉スペクトラム症	7歳・男児 / 7歳・男児						
自閉スペクトラム症 / 自閉スペクトラム症	10歳・男児 / 7歳・男児						
自閉スペクトラム症・知的障害	11歳・男児		○				
自閉スペクトラム症	12歳・男児						
自閉スペクトラム症・知的障害 / 自閉スペクトラム症・知的障害	9歳・男児 / 9歳・女児	○					
知的障害	8歳・男児	○					
自閉スペクトラム症	8歳・男児		○	○	○		
自閉スペクトラム症	10歳・男児		○	○	○		○
自閉スペクトラム症	14歳・男児		○	○	○		
自閉スペクトラム症	8歳・男児		○		○		
未診断	5歳・男児		○				
自閉スペクトラム症	15歳・男児				○	○	
自閉スペクトラム症	16歳・男児				○	○	
未診断	16歳・男児				○		
自閉スペクトラム症	9歳・女児					○	
未診断	4歳・男児					○	
		4名	9名	5名	9名	5名	6名

＊年齢は2013年3月時点のものとした。
＊＊障害の分類は、調査中の発言をもとに、DSM-5の基準にそって記載した。

4. 分析の結果

4.1　サポート源について

　まず逐語録からソーシャル・サポートとして抽出された発言について，誰から提供されたものであるかについて検討した。その結果，家族として〈夫〉，〈子どものきょうだい〉，〈自分の親〉，〈夫の親〉，〈その他の家族〉の5つのサポート源，インフォーマルな関係性として〈友人〉，〈職場の人〉，〈学校の保護者〉の3つのサポート源，専門機関に関わるものとして〈学校の先生〉，〈医師〉，〈専門機関の人〉の3つのサポート源，そしてその他として，〈親の会の仲間〉，〈占い師〉の合計13のサポート源に整理した。これを社会財に置き換えると，家族とインフォーマルな関係性が相互扶助的提供主体群に，専門機関が専門機関群に相当する。

4.2　ソーシャル・サポートの種類と内容について

　続いて，逐語録からソーシャル・サポートとして抽出したデータについて，ソーシャル・サポートの種類ごとの分類を試みた。またあわせてサポートの具体的内容についても検討を行った。分析結果として，サポート源ごとにサポートの種類，具体的内容をまとめたものが表6-2である。以下，家族，インフォーマルな関係性，専門機関，その他と，その概要を記す。

（1）家族にみられるソーシャル・サポートの種類と内容

　道具的サポートについては，〈自分の親〉，〈夫の親〉において【学校や保育園，幼稚園への送り迎えをしてくれる】という内容，〈自分の親〉，〈その他の家族〉において，【子どもたちの面倒をみてくれる】という内容がみられた。また〈子どものきょうだい〉においては，【暴力をとめてくれる】，【障害児を助けてくれる】といったサポート内容が見出された。この中で暴力的行動への対応について，〈夫〉ではなく，〈子どものきょうだい〉においてみられるものであったことは特筆すべきことであろう。その根拠とした発言を以下に示す。なお（　）

表 6-2　ソーシャル・サポートの種類と具体的内容

サポート源		種類	具体的内容	事例
家族	夫	社会情緒的	・話を聞いてくれる	・E
	子どもの きょうだい	道具的	・暴力をとめてくれる ・障害児を助けてくれる	・A, C ・A
		社会情緒的	・自分の大変さを理解してくれる ・障害児のことを理解してくれる ・将来のことを一緒に考えてくれる	・A, AC ・AC ・A
	自分の親	道具的	・学校や保育園，幼稚園への送り迎えをしてくれる ・子どもたちの面倒をみてくれる	・AB ・A
		社会情緒的	・精神的な支えとなってくれる	・A
	夫の親	道具的	・学校や保育園，幼稚園への送り迎えをしてくれる	・W
	その他の家族 (自分の実家・姉)	道具的	・子どもたちの面倒をみてくれる	・A
		社会情緒的	・精神的な支えとなってくれる	・A
インフォーマルな関係性	友人	社会情緒的	・話を聞いてくれる	・O
	職場の人	社会情緒的	・子どものことを気にかけてくれる	・C
	学校の保護者	社会情緒的	・話を聞いてくれる ・心強い気持ちにさせてくれる ・子どものことを気にかけてくれる	・U ・Q ・C
専門機関	学校の先生	道具的	・大変な状況に一緒に対応してくれる ・いろいろなことができるように子どもに指導してくれる	・C, E, L ・A, E, Q
		社会情緒的	・話を聞いてくれる ・障害について理解してくれる ・自分の大変さを理解してくれる	・A, C ・B, C, G, H, J, 　L, Q, T, U ・C, E
	医師	道具的	・学校に介入してくれる	・AF
		情報的	・子どもの対応の仕方についてアドバイスをしてくれる	・C, AF
		社会情緒的	・優しく対応してくれる	・C
	専門機関の人	道具的	・学校に介入してくれる ・いろいろなことができるように子どもに指導してくれる	・A, C ・Q, A
		情報的	・進路先，就職先についてアドバイスをしてくれる ・療育について教えてくれる	・B ・A
		社会情緒的	・精神的な支えとなってくれる ・子どもと信頼関係を結んでくれている。	・H, B ・B
その他	親の会の仲間	道具的	・子どもの遊ぶ場所，居場所を提供してくれる ・暴力をとめてくれる	・AG, L, U ・E
		情報的	・教育機関，医療機関，専門機関についてアドバイスをしてくれる ・教育機関，医療機関，専門機関について情報を教えてくれる	・C, P ・C, P
		社会情緒的	・話を聞いてくれる ・励ましてくれる ・気持ちを分かってくれる（共感してもらえる，一人ではないと思える） ・感情をだすことができる（涙を流せるなど）	・C, AB, P, AE, 　E ・C, H ・C, Y, AA, AC ・C, AB, P, AE
	占い師	情報的	・育児に関わり，夫婦関係についてアドバイスをしてくれる	・O
		社会情緒的	・話を聞いてくれる	・O

中に示した文言は，前後の文脈より筆者が補足説明のために記したものである。

　　　（障害児が暴れだしたときに）〇〇（障害児の兄）がおさえ込んでくれて。（中略）ウワーってその間，（障害児は）わめいてんだけど。でもう，〇〇は，淡々と，言いきる。落ち着け，落ち着け。あの男の子は，ね，ありがたーい。うん。こう，落ち着け，落ち着けって，言ってくれて。その間，□□（障害児の妹）は，ウェーって，泣きまくりなんだけど，やっぱり[5]。

　次に社会情緒的サポートの具体的内容としては，〈夫〉において【話を聞いてくれる】というものがあった。また〈自分の親〉，〈その他の家族〉において【精神的な支えとなってくれる】という内容があった。さらに〈子どものきょうだい〉では，【自分の大変さを理解してくれる】，【障害児のことを理解してくれる】，【将来のことを一緒に考えてくれる】などがみられ，多様にサポートしていることがとらえられるものであった。以下は，【障害児のことを理解してくれる】の根拠とした発言の１つである。

　　　息子（障害児）にとっては，一番の理解者なんです。お姉ちゃんが。（中略）かといって，その娘に私が（いるだけで），もう３人しか（家族が）いないから。（私が）亡くなった時に，娘に頼りっぱなしでもいけないし，お嫁に行ったり，就職したりすれば，なおのこと，こう，（家族以外の）つながりがほしいな[6]。

(2) インフォーマルな関係性にみられるソーシャル・サポートの種類と内容

　インフォーマルな関係性においては，道具的サポート，情報的サポートの提供は見出されず，社会情緒的サポートのみが提供されていたことが大きな特徴であった。この社会情緒的サポートについては，〈友人〉，〈学校の保護者〉において【話を聞いてくれる】という支援がみられた。また〈学校の保護者〉において【心強い気持ちにさせてくれる】という内容，〈職場の人〉，〈学校の保

護者〉において【子どものことを気にかけてくれる】というよりふみこんだ支援内容がみられた。

(3) 専門機関にみられるソーシャル・サポートの種類と内容

　専門機関において，まず道具的サポートは，〈学校の先生〉において【大変な状況に一緒に対応してくれる】，【いろいろなことができるように子どもに指導してくれる】とした内容がみられた。両方とも職務上においてなされた支援内容として解釈できる。また〈学校の先生〉としては，担任教員による支援がほとんどを占めていることから，1年を超えて支援が続くことはあまりない。支援が一過性のものであることは例えば以下の2つの発言にあらわれている。

　　こういう苦しいものだろうと慣れてたんですけど。今年になって担任の先生が一所懸命，まあ，今までの先生も一所懸命してくださってたんですけど，初めて，なんか先生がこっちをむいてくれるっていう感じがして。何が変わったわけではないんだけれども，すごく順調にわりと順調にいけてて，毎日学校にいって宿題も毎日やってというふうに。[7]

　　宿題は白紙のままでいいから，それに入れて持たせてください。宿題はしたことにします。だけどそれを1ページしてきてって。お家で机に向かって分かればいいからって言ってくれた先生が(小学校)3年生のときにいらっしゃったんですよ。すごくなんかその先生はよかったー。[8]

道具的サポートについては，〈専門機関の人〉からも【いろいろなことができるように子どもに指導してくれる】という内容がみられた。さらに〈医師〉と〈専門機関の人〉においては，【学校に介入してくれる】という内容がみられた。この学校に介入するというサポートは，学校生活が円滑に送ることができるようにするものであるが，制度の上での支援と読み取ってもいい。
　次に情報的サポートとしては，〈医師〉によって【子どもの対応の仕方につ

いてアドバイスをしてくれる】，〈専門機関の人〉において【進路先，就職先について
ついてアドバイスをしてくれる】，【療育について教えてくれる】といった内容
があった。これらも学校介入と同じく制度的支援ととらえていいだろう。

　最後に社会情緒的サポートとしては，まず〈学校の先生〉において【話を聞
いてくれる】，【障害について理解してくれる】，【自分の大変さを理解してくれ
る】という内容がみられた。次に〈医師〉において【優しく対応してくれる】
という内容，さらに〈専門機関の人〉において【精神的な支えとなってくれる】，
【子どもと信頼関係を結んでくれている】という内容があった。これらは，専
門機関における支援であるが，制度外在的なものとしてとらえることができる。

（4）その他のサポート源にみられるソーシャル・サポートの種類と内容

　その他のサポート源については，〈親の会の仲間〉において，3つの種類の
サポートともに提供されていた。道具的サポートは，【子どもの遊ぶ場所，居
場所を提供してくれる】，【暴力をとめてくれる】という内容があった。次に情
報的サポートについては，【教育機関，医療機関，専門機関についてアドバイ
スをしてくれる】，【教育機関，医療機関，専門機関について情報を教えてくれ
る】といった内容がみられた。以下は，【教育機関，医療機関，専門機関につ
いてアドバイスをしてくれる】の根拠とした発言であるが，育児に悩み，答え
が得られず，極限の状況の中，〈親の会の仲間〉から得たアドバイスが有効で
あったものを示すものである。

　　　本当に，私は崖っぷちにいるみたいな心境で，学校，どうしようみたい
　　な。で，いきなり（茶話会で）○○（団体Aの会長）さんに相談して。涙，
　　涙を流しながら，相談して。学校も決まってなかったので。学校見学に行っ
　　ったりとか，いろいろもう本当に精神的にいっぱい，いっぱいだったのを，
　　的確にアドバイスをいただいて。[9]

　さらに社会情緒的サポートに関しては，【話を聞いてくれる】の他，【励まし

てくれる】，【気持ちを分かってくれる】，【感情をだすことができる】など，支援のバリエーションが広いことがわかった。次の発言は，【気持ちを分かってくれる】という内容の根拠とした一つであるが，他の場所ではなかなか得られない支援が，〈親の会の仲間〉との関係で初めて得られたことがわかるものである。

　　　なんか変な言い方だけど，初めてこんなに気持ちが分かる人に会えたことがすごく嬉しいので。[10]

　一方，下記の発言は【感情をだすことができる】という内容の根拠となるデータの１つであり，団体Ａの茶話会に参加した最初の機会に，子どもに関して初めて人前で涙した経験が語られたものである。この発言は，日常的には支援がほとんどなく，非常に緊迫し，切迫した状況で生活している状況を推測できるものでもある。

　　　子どものことで人前で泣いたことなかったんですけど。(中略)（この間の茶話会で）自分でひくくらい泣いてしまったんですけども。多分，自分の中で，１人で育ててるので，多分，ストレスがたまってたんだなというのに気づかされて。[11]

　最後に〈占い師〉というサポート源があり，情報的サポートとして，【育児に関わり，夫婦関係についてアドバイスをしてくれる】，社会情緒的サポートとして【話を聞いてくれる】といった内容がみられた。

4.3　サポート源と事例の対応

　表6-3に示したのは，サポート源と事例との対応である。これによると，〈親の会の仲間〉からサポートを受けた人が最も多く13事例，次いで〈学校の先生〉からが多く11事例となっている。一方，それ以外のサポート源については支

表 6-3　事例とサポート源の対応表

ケース ＼ サポート源	夫	子どものきょうだい	自分の親	夫の親	その他の家族	友人	職場の人	学校の保護者	学校の先生	医師	専門機関の人	親の会の仲間	占い師
A		○	○		○				○		○	○	
B									○		○		
C		○					○	○	○	○	○	○	
D													
E	○								○			○	
F													
G									○				
H									○		○	○	
I													
J									○				
K													
L									○			○	
M													
N													
O						○							○
P												○	
Q								○	○		○		
R													
S													
T									○				
U								○	○			○	
V													
W				○									
X													
Y												○	
Z													
AA												○	
AB			○									○	
AC		○										○	
AD													
AE												○	
AF										○			
AG												○	
	1人	3人	2人	1人	1人	1人	1人	3人	11人	2人	5人	13人	1人

援を受けている事例は少なく，すべて 5 事例以下である。さらに 1 事例のみにおいて見出されたサポート源は 6 つに上り，2 事例のみにみられたサポート源も 2 つあった。

　サポート源としては，〈親の会の仲間〉と〈学校の先生〉の 2 つが他のサポート源に比して突出して多いことがわかる。一方，半数以上のサポート源が 33 事例のうち 1 事例か 2 事例のみに該当するものであり，実際にはサポート源となる機会がほとんどないことが示されている。なおサポートの種類，内容ごとに，どの事例が該当するかについては，表 6-2 に示した。

5.　まとめ

　以上の分析結果をふまえ，本章のまとめとして，以下の 3 点をあげておきたい。

　分析の結果から指摘できる第 1 の点は，ソーシャル・サポート源そのものの少なさである。ソーシャル・サポートの提供者について，障害幼児と健常児との比較を試みた北川憲明らの研究においては，15 のサポート源が設定されている。これらを列挙すると，1. 夫，2. 子どものきょうだい，3. 私の両親，4. 夫の両親，5. 親戚，6. 子どもを通して知り合った人，7. 近所の人，8. 6,7 以外の人，9. 親の会，10. 療育・訓練などを行う施設，11. 保育園または幼稚園，12. 医療機関，13. ボランティアまたはヘルパー，14. 行政機関または公的な相談機関，15. 宗教や私的な団体，となっている（北川ほか 1995）。またソーシャル・サポートの先行研究の中で引用した湯沢らの研究（湯沢ほか 2008）は，上記の北川ら（北川ほか 1995）で用いられたものを修正し，17 のサポート源を設定している。これに対し，本章においては，サポート源が 13 しか見出せない。北川らの調査において設定されていた，「近所の人」や「ボランティア」などはみられなかった。すなわちサポート源の種類そのものが少ない。

　第 2 に指摘できる点は，提供されているサポートの種類において偏りがあることである。本章では，道具的サポート，情報的サポート，社会情緒的サポー

トの3つに分類を試みたが，どのサポート源においても，社会情緒的サポートが中心的に提供されていることが明らかとなった。この種のサポートは多様に提供されており，専門機関においても，制度外での支援と解釈することができた。一方，道具的サポート，情報的サポートについて，専門機関では制度的支援であることが示された。また相互扶助的提供主体（インフォーマルな提供主体）において道具的サポート，情報的サポートを提供しているサポート源は少なく，家族を除くとインフォーマルな関係において提供はなされていなかった。また家族の中で，夫の道具的サポートがなく，子どものきょうだいが道具的サポートを提供していた点は特筆すべきことである。[12]

　指摘できる第3点目は，ソーシャル・サポートを得ている事例の少なさである。本調査では，上述したように13のサポート源が見出されたが，33事例中10事例以上がサポートを受けていたものは，〈親の会の仲間〉と〈学校の先生〉の2つのみであった。一方で1事例のみでみられたサポート源は6つ，2事例のみのサポート源は2つという結果であった。これまでの育児支援研究においては，〈夫〉や〈自分の親〉は，育児において有効なサポート源となることが多いというのが通説である。しかし今回の調査においては，それらにおいて支援の実態があるとは言い難く，また総じて，インフォーマルな関係における支援は得難い状態にあった。加えて専門機関群から支援を得ている人も少なく，11事例がサポート源としていた専門機関のうちの〈学校の先生〉についても留意する必要がある。〈学校の先生〉については，サポートを得た機会の有無でカウントしたために，サポートを受けている事例が多い結果となったが，実際には，一過性の支援にとどまることが多く，安定したサポート源とはなり得ていないことも示唆された。したがって多くの事例が〈親の会の仲間〉のみから，継続的に安定して支援を受けていることが示されたと言える。

　先に示した研究においては，同じ障害児の親や親の会における仲間が有効なサポート源となっていること，インフォーマルな関係性，子どものきょうだいもサポート源であること，専門機関にあっては教育機関や療育・訓練をする人がサポート源になっていることが示されていた。今回の研究でも，これらと類

似した結果が見出されており，特に〈親の会の仲間〉，教育機関における〈学校の先生〉がサポート源となっていることは同様の結果として見出されたと言えよう。しかしながら，今回の質的調査のデータが示していたものは，専門機関のうち有効であった教育機関からのサポートは一過性の支援であることがわかった。加えてインフォーマルな関係性においては道具的サポートの実態はあまりなく，実際の支援実態は希薄であることが示された。そして同じ障害児の親や親の会における仲間が有効なサポート源であったことは再度立証されたといえるだろう。

　本章の分析結果をまとめると，発達障害児の母親は対人的支援において恵まれていない，ということになる。まず支援の担い手が少ない。そして大きな問題として，こうした支援を受けるチャンスも僅少である。さらに提供されるサポートの内容も限定的である。相互扶助的提供主体群においては，社会情緒的なものが中心であり，専門機関群においては，社会情緒的サポートに加え，道具的サポート，情報的サポートが提供されていたが，制度的支援に基づくものが多い。ただ唯一，〈親の会の仲間〉による支援が，3つの種類のサポートがそれぞれにバリエーションに富んで，多くの事例に提供されていた。

　今回の探索的分析からは，発達障害児の母親たちにとって，ソーシャル・サポートが機能不全の状態にあることが新たに明らかになったと言える。いわば生活問題の解決へ向けた社会財が機能していない状態である。発達障害児の母親には，対人的支援が欠落した状況が非常に色濃くあらわれている。専門機関群においても，相互扶助的提供主体群においても，支援の提供者が少なく，その内容も社会情緒的なものが中心であり，実際の手助けはあまりなされていない。加えて，こうした支援を受ける機会が少ない。通常の育児でみられる構図とは異なり，身近な人である家族でさえサポート源となり得ておらず，親の会で知り合う仲間が主な頼みの綱である。すなわち唯一同じ立場の人と助け合わざるを得ない状況があることがわかる。こうした状況は，「親の会にて，はじめて涙を流せた」，「はじめて気持ちをわかりあえて嬉しかった」といった発言からも推し量ることができる。母親たちの生活問題の問題処理過程において，

社会財が有効に働いておらず，唯一頼れる社会的資源は親の会なのである。

注

1) 例えば「ソーシャル・サポートにはいくつもの定義が存在し，とくにコンセンサスを得ているものはない」（稲葉ほか 1987：110）といった記述がみられる。
2) 2011 年 5 月から 2013 年 3 月までの調査予定回数は 19 回であったが，調査の同意を得られたのは 17 回であった。実際には，調査（茶話会）は実施したが，録音を行わなかったというのが正確な表現である。そのうち 1 回は発達障害の当事者の女性の参加があり，その女性において録音の同意がえられなかったことが録音をしなかった理由である。もう 1 回は調査の参加者が 2 名と少なく，調査時間のはじめから非常にプライベートな話が続き，録音することが躊躇されたことが，その理由である。
3) 共同研究者の精神科医に調査データを聞いてもらい，この判断をした。
4) 調査へ参加した協力者のうち，障害児の家族である者は 37 名であった。本章では，このうち支援者ともなっている者 2 名，子どもの年齢が 31 歳の母親 1 名，父親 1 名について，分析対象から除外した。
5) 2012 年 9 月 28 日　グループインタビュー調査における事例 A の発言。
6) 2012 年 9 月 28 日　グループインタビュー調査における事例 AC の発言。
7) 2011 年 5 月 13 日　グループインタビュー調査における事例 E の発言。
8) 2011 年 6 月 3 日　グループインタビュー調査における事例 L の発言。
9) 2012 年 12 月 29 日　グループインタビュー調査における事例 P の発言。
10) 2012 年 8 月 31 日　グループインタビュー調査における事例 Y の発言。
11) 2013 年 3 月 22 日　グループインタビュー調査における事例 AB の発言。
12) 子どものきょうだいから支援が提供されることに鑑みると，障害児のきょうだい児がヤングケアラーの役割を果たしているようにもみえる。一方で，母親たちは，きょうだい児に負担をかけていることに，罪悪感を伴っているようにみられた。

第7章

母親たちの「頼みの綱」となる障害児親の会
——宮崎県の障害児・障害児家族の団体 A, B を事例として——

　本章では，障害児の母親の生活問題処理過程において，親の会がどのような役割を果たしているのかについて検討する。親の会は，親当事者による自助的な組織であり，専門的サービス提供主体群とも相互扶助的提供主体群ともとらえることができず，都市的生活構造論が提出された時代には，あまり見出せなかった類型である。

　障害児の子育ての主体は家族であり，家族メンバーの中でも母親が専従的に子育てを担ってきた。母親がケア役割や養育役割を担うことは周囲から自明視されており，母親自身もそうした役割を自ら積極的に遂行する実態があることは第2章で述べたとおりである。そうして専従的にケアや養育の役割を担う中で，母親は自分自身の生活を正常に送ることが難しくなり，また子どもを育てケアする上での問題や壁を抱えていることを第3章，第4章において示した。さらに第5章，第6章においては，生活者としての母親が，どのように社会に参与し，どのように問題を処理しているか，という立場から研究を行ったものを示した。その際には，生活者の主体性を生活問題の解決・処理行動に求め，生活問題を処理するために社会的資源の整序化を行うプロセスとして提示される森岡清志の都市的生活構造論（森岡 1984）に依拠しながら議論をした。森岡の議論では，生活問題の解決，処理をする際に用いられる社会財は，専門機関群と相互扶助的提供主体群の2つが提示される。いわばフォーマルなサービス提供主体とインフォーマルな支援主体といえるが，障害児の母親においては，これら社会財の整序による問題解決というプロセスを見出すことは難しい。

　こうしてフォーマルなサービス提供主体からも，インフォーマルな支援主体

からも支援が得にくい中，地域の貴重な社会的資源となっていることが想定されるのが親の会である。母親たちは，ケアや養育をめぐる問題を乗り越えようと東西奔走するが，専門機関群においても相互扶助的提供主体群においても支援を得られたとは感じられていない。その中で親の会は，母親たちが最後に辿り着く場となっているように思う。筆者は，母親たちにとって，親の会が「藁をもつかむ思いで，最後の頼みの綱としていきつく場[1]」であることを，経年的調査において感じてきた。第6章でも，親の会における仲間がソーシャル・サポート源として機能する数少ない主体の一つであることを確認している。

　そこで本章では，地域における親の会の活動実践や組織のあり方を検討し，親の会がケアをしている母親の生活問題解決にどのように寄与しているのかについて分析する。この分析を通して，障害児の母親が生活問題に対処しようとするときに，親の会が頼みの綱となっていることの意味を考えたい。

1. 障害児の親の会に関する先行研究

　障害児の親の会が活動してきた歴史はすでに長いが，しかしながらこれらを研究する動きはあまり活発ではなく，親の会が果たしてきた役割や機能など，その実態は審らかにはされていない。しかしいくつかの事例研究には有用な知見が提示されている。

　夏堀摂による知的障害児の親の会の分析は，1950年代の大衆雑誌に掲載された母親の手記の分析を通して，親の会が障害児の母親役割を内面化させ，規範性を強化していく影響力があったことを示している（夏堀2011）。また堀智久は，1975年に設立された「先天性四肢障害児父母の会」の事例分析から，障害の原因究明を訴える運動から「障害を持っていても不自由ではない」という主張の転換があったことを指摘している（堀2007）。さらに井上信次はAD/HDの親の会を事例とし，親の会が，近代専門職の職業専門知とは異なる専門知の生産，再生産の場であったことなどを示している（井上2005）。これらの研究では，親の会の活動を通じて，近代家族における母親規範の内面化，障害

観の変化，独自の知識の伝達の場としての役割を持っていることが明らかにされており，特に親自身の内面への影響が論じられている。また親の会をセルフヘルプ・グループとしてとらえるならば，その機能として，同じ問題を持った人からの情緒的サポートがある点は論を俟たないであろう。

　加えて社会運動の側面を持つことも明らかにされている。本章と同じく発達障害の障害カテゴリーにおいて研究をしている通山久仁子は，障害のある人の親を，障害当事者と区別して「親当事者」としてとらえ，「親当事者」組織としての親の会の階層性をマクロレベル，メゾレベル，ミクロレベルの３つに分けている。そして全国組織としての「LD 親の会」の分析から，政策レベルの課題解決の志向性を有していたこと，あわせて親の主体化を促す契機があったことを明らかにしており，社会運動体としての解釈を行っている（通山 2017）。さらに通山は，メゾレベルでは，親の会と地域の各機関・団体とのネットワークが構築されてること，ミクロレベルでは，親の会が「各地域における障害当事者や家族への支援事業」を行っていることを指摘しているが，実際にこの階層における親の会の分析はなされていない（通山 2017）。その他の研究においても，家族の生活問題への支援を行っていることに視座をおいて，地域における親の会の実態を分析したものはないと思われる。本章の分析は，通山による分類上のミクロ階層の親の会に視点をおくものであり，地域においてボランタリーに発生した親の会を研究対象としている。この階層の親の会が，母親たちの生活問題に対して，どのように支援を行っているのか，という点について明らかにしていきたい。

2.　研究の方法

　本章における分析対象は，宮崎県の障害児・障害児家族の団体 A，B の２団体とした。この２団体は，いずれも地域の中でボランタリーに創立された団体であることが特徴であり，全国組織の親の会の支部という位置づけとは異なる。またどちらも任意団体であり，NPO 法人などの法人格は取得していない。

分析するデータは，2010 年から筆者が続けている参与観察におけるフィールドノート，インタビュー調査のデータ，筆者と団体代表との SNS やメールを通じたコミュニケーションのデータ，総会資料や会報誌など団体の資料データとした。インタビュー調査のデータは，団体 A の代表者（以下，代表者 A と略記）に対する調査データ，団体 B の代表者（以下，代表者 B と略記）に対する調査データ，団体 A の支援者 2 人（以下，支援者 a，支援者 b と略記）に対する調査データとした。インタビューは半構造化調査とし，団体代表者に対する調査内容は，団体発足の契機，団体活動の内容，会員構成，運営のあり方，活動についての動機づけ，団体への思いとした。また支援者に対する調査内容は，団体に関わる契機と経過，団体における役割，団体に対する評価などとした。

　倫理的配慮としては，調査依頼を行った際に，研究の目的，方法，成果の発表方法，あわせて人権擁護に向けた配慮を具体的に説明し，研究協力者から十分な理解を得られた場合のみ，調査を実施した。

3. 研究対象団体の概要

　まずは，両団体の概要を述べる。

3.1　設立・会員構成・運営

（1）団体 A

　団体 A は，2006 年に設立されている。設立の契機は，知的障害児を持つ代表者 A が，同じ立場の親らと障害についての学習会を開催したことであった。設立当時，代表者 A の子ども（障害児）は 8 歳，代表者 A は 37 歳である。

　団体構成については，世帯単位で加入する会員制をとっており，入会にあたり，障害の有無，種類，程度，年齢は問わない。年会費は家族としての会費が年額 2400 円（月額 200 円）である。新型コロナウィルスが猛威をふるいはじめる前の安定した時期として 2017 年度の家族会員は 25 組，2021 年度における家族会員は 20 組である。実際の会員構成としては発達障害児の子どもの世帯

が多数派であり，就学前から学齢期を超えた子どもまで幅広い年齢層を含んだ子どもの世帯が含まれている。

　運営に関しては，人的な面では代表者 A が中心となっているが，発足当初から複数の役員メンバーが補佐的な役割を果たしてしている。また地域の教員や心理専門職，医師などの専門職がかかわっており，さらに高校生や大学生がボランティアとして活用されている。財政面では，会費，行政と民間の助成金が主な資金源であり，助成金は毎年継続して獲得してきた実績がある。行政事業を受託した実績はない。

(2) 団体 B

　団体 B は，2011 年に設立された団体であり，発達障害児を持つ代表者 B が，同じ立場にある親と交流や学習を行いたいというモチベーションを持ったことが団体発足のきっかけである。代表者 B は，団体 B を設立する前に団体 A の活動に参加しており，その経験をふまえ代表者 B の居住する市において団体 B を設立した。設立時，代表者 B の子ども（障害児）は 12 歳であり，代表者 B は 37 歳であった。

　団体構成は，団体 A と同様に，世帯単位で加入する会員制であり，診断名や診断の有無を問わず誰でも入会ができる。会費は年額 3600 円である。実際の会員構成は，代表者の子どもが発達障害児であり，また団体として「子育てに困り感のある」ということを謳っていることからも，発達障害児の家族がほとんどである。2017 年度の正会員数は 10 組，2021 年度の正会員数は 12 組であった。

　運営は，人的面では，代表者 B を中心としてなされている。また活動をサポートしてくれている役員が 2 人いる。さらに近隣の大学の学生がボランティアとして活用されてきた。財政面では，毎年ではないが民間の助成金が活用されており，その他は会費による運営である。

3.2　活動内容

　団体の活動内容として，新型コロナウィルスの問題が広がる前の運営が安定

表 7-1 団体 A・団体 B の活動内容（2017 年度）

団体名＼参加対象	団体 A	団体 B
子ども	学習支援塾（毎週 1 回）	学習サポート教室：子ども対象（以前毎週 1 回→休止）
親	学習会・講演会活動（以前は年間 8 回→縮小傾向） 茶話会（以前は年間 12 回→6 回） 相談会（月 1 回） 会報とメールによる情報提供	勉強会（年間 2 回） おしゃべり茶話会（発達凸凹のある子どもの親）（以前は月 1 回→縮小傾向） 不登校の子どもの親の茶話会 メールによる情報提供 会員による相談会 リフレッシュ講座（リフレッシュアロマ講座→ヨガ）（以前は年間 4 回→増加傾向）
家族全体（きょうだい児含む）	交流会（外出支援）（年間 8 回→4 回縮小傾向） 親子による園芸活動（以前は年間 12 回→休止） 絵画教室：家族対象（月 2 回）	

していた時期として 2017 年度の内容を表 7-1 に示す。[2]

(1) 団体 A

　各種活動の参加対象が，障害児の子ども，親[3]，きょうだい児を含む家族全体に分けられており，参加対象を明確に意識した活動展開が一つの特徴といえる。活動展開を時系列でとらえると，学習会開催が可能となるという理由から本団体が設立された経緯があり，親向けの学習活動が団体 A の出発点となっている。その後，子どもや親，きょうだい児それぞれのニーズを汲み取る中で活動の幅を広げてきた。障害児に関しては，学習支援塾があり，子どものための活動として実施されている。親向けには，学習会・講演会活動，茶話会，代表者 Aによる相談会など学習活動や相談活動が実施されている。きょうだい児を含めた家族全体の活動としては，外出支援の交流会，園芸活動，絵画教室がある。

さらに表には記載していないが，2021 年度から，成長した障害当事者向けの大人版絵画教室も始動している。これらにおいてはいずれの活動も「居場所」という言葉が意識されている。団体 A では，これらの多くの活動を平行して実施してきたが，近年では，代表者，団体設立当初のメンバーの子どものライフステージの変化に伴い，活動を縮小する動きもみられる。

さらに団体代表として代表者 A の活動もあり，学校や地域での講演会の役割や，自治体の委員などを務めている。

(2) 団体 B

団体 B では設立当初から複数の活動に取り組んできているが，活動の参加対象は，障害児の子ども，親に分けられる。特に親を対象に複数の活動が実施されていることが特徴であろう。

障害児を参加対象とするものとしては，団体 A の学習支援塾と同様のものとして学習サポート教室がある。親向けには，勉強会，おしゃべり茶話会，メールによる情報提供，会員（実際は代表者 B により実施）による相談会など，この点も団体 A と同様に学習機会の提供や相談の場の提供がなされている。また親のリフレッシュのための講座や，表には記載されていないが 2018 年度以降に行われているおさがりマルシェ（子どもが成長し不要になった学校用品，おもちゃ，絵本などをシェアするイベント）といった活動がある。加えて代表者の子ども（当該の障害児ではなくその弟）が不登校を経験したことから，障害児から不登校の子どもの親にも射程を広げ，親の茶話会の活動がなされている。

活動展開を時期的にみると，最初の取り組みは，子どもを対象とする学習サポート教室・親を対象とする勉強会とおしゃべり茶話会であった。これには代表者 B が団体 A の活動に参加していたことから，団体 A をモデルとし，同様な活動に着手したことが考えられる。時期を経るにつれ，団体 B の活動の幅は広がりをみせ，親向けの各種の活動に着手し，さらに不登校の子どもの親に向けた活動もはじめた。加えて代表者 B が，以前から，発達障害者の支援員育成事業にかかわっており，主にこの事業実施のために別団体を新たに立ち上げている。なおこの別団体は，2018 年に一般社団法人格を取得しており，現

在では発達障害の子どもとその家族，不登校の子どもとその家族，支援者へ向けたより広範な活動の展開がみられる。

　団体Aと同じく，団体の代表として代表者Bの社会貢献活動もみられ，講演会活動や自治体の委員にも複数就任している。

4. 団体の活動に関する特徴

　次に，両団体の活動の特徴を分析する。

4.1　支援ニーズの発見と支援活動の創造

　両団体に共通する活動の特徴として，まずは，支援ニーズを発見し支援活動を創造していく点があげられる。見出されていく支援ニーズは，障害児のニーズに限定されない。きょうだい児，母親というように，家族メンバー個別の支援ニーズが汲み取られている。そして個々の家族成員の支援ニーズに基づき，新たに活動が次々に創造されるプロセスがみられる。

　障害児本人については，学習支援塾（団体A），学習サポート教室（団体B）が展開されている。この活動は，学習を支援するだけでなく，子どもの居場所としての機能も持っている。宿題などを終えると，子どもたちは，学生ボランティアと話をしたり，遊んだりして過ごしている。以下は，学習支援塾に関する代表者Aの語りであるが，自信をなくしている子どもたちに居場所をつくる必要性があり，誰かが寄り添う場所として活動の意味を感じていることが示されている。

　　団体Aに来る子どもたちって，「自分はダメだ」とか，とても自信がない子が多くて。とても怒られて，学校でも家でも怒られてる子が多くて，すごく自信がなくて。でも団体A（の学習支援塾）に来ると，こんなダメな自分でもこうやって学生さんが隣についてわからない所をちゃんと一緒に考えて，一緒にわかるように勉強を教えてくれるっていう。こんなダメな

自分でも誰かが必ず側にいて丁寧に対応してくれる。ここはどっちかっていうと中高生の居場所的なところ。[4)]

　きょうだい児を含めた家族全体に対する支援として，団体 A では，交流会活動（外出支援）が行われている。次は，家族メンバー皆での外出が難しいこと，またきょうだい児が通常の生活ができないことを問題に感じて，交流会活動を開始した代表者 A の語りである。

　　きょうだい児さんの経験が，すごい少なかったりとかもするんですね。普通に皆は（他の子どもたちは），ジョイフル（ファミリー・レストラン）にご飯食べに行ったり，買い物に行ったり，遊園地に行ったりとかするのかもしれないんだけど。やっぱり聴覚過敏の子とか，人がいっぱいいると苦手な子とかが 1 人きょうだいの中にいると，とてもやっぱり，あのきょうだい児さんとか家族とか皆でなかなかこう普通の生活っていうのがすごく難しくて。[5)]

　また自治体によって発行されていた雑誌上で，「交流会は子ども達もだけど親の居場所でもある」「大変さのわかる者同士で愚痴るだけでも大きな意義があります。我慢しすぎずに自分をだせる場所，仲間は必要です。」（『ACTIVO！』2009）という代表者の言葉から，この交流会活動は親のためにも実施されていることがわかる。
　さらに団体 A の絵画教室は，2020 年以降の新型コロナウィルスの問題により活動実施が厳しい状況下にあっても，継続ができるように努力が続けられ，現在では団体 A の中心的な活動となっているものである。代表者 A は，家族メンバーにとっての趣味の場を作る必要性を感じていたことを以下のように話す。

　　年齢は関係なく，大人になってからも趣味としてっていう部分で，ちょっと作りたくて。4 歳の子が今 2 回かな，（絵画教室に）来て，（その子どもの）

お母さんはもうとても安心して逆に，絵を描いてて。お母さんがとても落ち着けてる，お母さんの居場所になってるなあって。[6]

こうして障害児や家族の状況に応じた支援ニーズを拾い，支援活動を行っていくことは，団体運営の中で自然の成り行きであったことが，次の発言において示されている。

こういうの作ろうと思って（団体Ａを）作ってるわけでも全然ないので。うん。だから多分，団体Ａのこの形っていうのは，その子どもたちとかお母さんたちが求めているものが，たまたまこうやって形になっていった，っていうところなのかなあっていうのは，思ってます。自然と，うん。[7]

また現状では，専門機関などがこうした家族のニーズ充足を果たしていないという認識があり，そのため親の会が活動を生み出してきたことは，次の代表者Ａ，代表者Ｂの語りに共通してみられるものであった。

やっぱり無いものを自分たちが作っていくっていう。団体Ａっていうのも，行政ではできない，私たち親だけでもできない，でも皆が集まってできるところ，っていうところを，こう自分たちができる，何ができるのかなっていうところでこう，形にしていっただけで。[8]

その幼稚園からのつながりで，ずっと集まって愚痴を言い合ってる人たちはいたっちゃけど。（中略）その人たちと一緒にこうやってしゃべって文句とか言っても，何も変わらないって（思った）。何，発信力もなければ，何か行動する力もないから，とにかく私，団体Ｂっていうのを立ち上げようと思ってるって（みんなに）言って。[9]

4.2　時間の経過による活動の遷移性

　第 2 の特徴として，時間の経過とともに活動が変化している点があげられる。新しい活動も生み出されていくが，その一方で時間の経過とともに活動の休止や縮小もみられる。

　まず活動縮小の動きに関して，団体 A においては，園芸活動を休止しており，学習支援塾や茶話会の活動回数の減少がみられる。2014 年からは茶話会を年間 12 回から年 6 回へと[10]，また毎週開催されていた学習塾は，2018 年度からは月 2 回に縮小している。団体 B においても，学習サポート塾の運営を 2017 年度から休止している。

　一方で，新たにはじめられる活動がみられる。団体 A では，前述したように，2021 年度から成長した子ども向けの絵画教室を開始しており，参加対象は，高校生から大人となっている。団体 B では，別団体をたちあげ，支援者を含む広範囲の活動を始動させている。

　活動の縮小，休止の背景には，まず活動運営を支援してくれる周りの専門家の事情が影響しており，専門家たちが転勤などで当該地域から移動したり，仕事の多忙さなどで，運営に関われなくなったりすることが理由としてある。さらに他の専門支援サービスが普及したことから団体としての活動の役割を終えたと感じ，活動を休止するパターンもみられる。さらに活動の縮小，開始ともに，子どもの成長や母親自身の生活環境の変化，またライフステージの移行が，その要因として影響している。

　次は，代表者 B が学習サポート教室の活動を休止した理由について語ったくだりであり，放課後等デイサービスというフォーマルな専門サービスができたことと子どものライフステージの変化について触れているものである。

　【代表者 B】放課後等デイ（サービス）がたくさんできはじめると，そっちに行きはじめる子たちが増えるから。
　【筆者】放課後等デイ（サービスが事業としてはじまったことは影響）は大きいですよね。

【代表者B】大きいですね。だからもう役割としては，ボランティアで（子どもを支援）するのはあれやねー，ってなって。（中略）〇〇（Bの子どもで障害児当事者）くんの（大学）入学と（高校）卒業で，うちの△△（Bの子どもできょうだい児）の（高校）入学と（中学）卒業を機に，□□（役員）さんと（相談して），やっぱ自分の子どもたちのためにしてきたことだっていうのが大きいから，ちょっとここで思いきって（学習サポート教室を）1回閉めよっかって言って，閉めたんですよ。[11]

　次は，代表者Aの語りであり，活動縮小方向について，代表者Aの子どもが活動に参加しない年齢になったことが影響していることが話されている。

　　じゃあ次男が支援学校（を）卒業したときに，自分は，じゃあ何のために団体Aをやってるんだろうっていうところが…。で，結局，自分と子どものためにやってきてて。趣味というか，こうやってきてたのが，結局我が子は，次男は，もうほぼ参加しなくなるわけでしょ。その時に私は，じゃあ団体Aっていうのは本当にボランティアで，えっと，社会のためにやらなきゃいけない，みたいな。言葉がちょっと極端なんだけど，そこがちょっと，こう違ってきたっていうのもあって，自分の中で。[12]

　他方で新たな活動をはじめている点について，代表者Aは，「お母さんたちも（コロナ禍で）我慢我慢の日々です。怖いです…。来年度から大人版の絵画教室も始める予定です。頑張ります。[13]」，「今年度から，高校生〜大人の『アトリエポン太』も始めたので，障がい者さんの個人会員が増えていくと思います。[14]」と語っており，ライフステージや社会の状況に応じて，可変的に活動を行っていることが示されている。

5. 団体の組織としての特徴

　続いて両団体の組織の特徴について検討する。

5.1　障害種や診断などを参加条件として問わない会員構成

　第1の特徴は，団体入会に際し，障害カテゴリーや診断の有無などを問わないということである。前述したように両団体ともに診断名や障害の種類を問わずに会員になることができる。両団体の規約には障害種についての記述はない。また団体Aの広報チラシでは，「団体Aに集まる子どもたちの障がいや診断の有無，種類，程度は本当にばらばらで，いずれかの方向に限定されていません」と記載されている。代表者Aの以下の語りからも，この点が読み取れる。

　　　診断名とかそういうのが，ほんとばらばらで，誰でもオッケイというのが（入会に際してはある）。だから一番はじめは，よく知的さんだけですか，自閉児さんだけですか，とか，（聞かれることが）だいたいあるんですけど。うちは全く関係ないので，それが1つ大きな特徴であって。[15]

　また団体Bも下記のように，ホームページ上で，障害の種類や診断の有無を問わずに参加できることを打ち出している。

　　　さあ，団体B平成29年度のスタートです。
　　　団体Bは，子育てに困り感のある親子のサークル。
　　　発達障害等，診断の有無は問いません。どなたでも参加していただけます。[16]

　こうした団体の表現ぶりからは，障害種や診断などを参加の条件としていない点を明確に意識していることがわかる。

5.2 非会員も活動に参画できる寛容性の高さ

第2の特徴として，会員以外も活動に参加できる点があげられる。団体A
では，会員のみの参加は，学習支援塾，交流会，絵画教室のみであり，その他
については，非会員も参加可能となっている。団体Bでは，学習サポート教
室については，ボランティア保険に加入する必要性から会員に限定していたが，
その他の活動については，すべて会員以外の参加も可能である。ただし，非会
員の場合は，参加費が必要となっている。こうして非会員も参画できることか
ら，垣根が低く，寛容性が高いといえる。

5.3 地域における人材（学生・専門家）の積極的関与・活用

組織の特徴の3点目は，地域における人材活用であり，若年層と専門家の積
極的取り込みがみられる。団体Aの組織図をみると，社会人ボランティアと
学生ボランティアというカテゴリーがある。社会人ボランティアに含まれる職
種は，教員，心理士，作業療法士，大学教員などの専門職であり，団体の会報
執筆，各種活動の運営役割などを担っている。また学生ボランティアには，大
学生，専門学校生，高校性が含まれ，活動時に子どもをサポートする役割を担
っている。また団体Bでも学習サポート教室において，学生ボランティアの
活用がなされ，別団体において専門家との連携がみられる。

団体Aの交流会の活動では，毎回，多くの学生ボランティアの参加によっ
て活動が成立してきているが，下記はそれを表している記述である。

　　お兄ちゃん・お姉ちゃんは，子ども達を一緒に遊びながら助けてくれま
　す。上手に優しくさりげなくフォローをしてくれます。団体Aでは，子
　ども1人に対して，必ず学生ボランティアが1人〜2人担当でつきます。
　子ども達はお兄ちゃん・お姉ちゃん達が大好きで，一緒に遊べるから団体
　Aにも参加するんです。学生ボランティアさんは，それくらい大事で，子
　供達にとってとても大きな存在になっています。[17]

　さらに団体Aでは学習支援塾も，学生ボランティア，社会人ボランティアの参加により活動が成立している。下記は，この点についての，団体Aのホームページ上の記述である。

　2009年7月29日が第1回・最初の団体A塾でした。今では，毎週10名くらいの子どもさん達が参加しています。それに，学生さん・社会人・大学准教授が学習支援ボランティアとして来て下さいます。長机を並べて，肩を寄せながら，子ども達はそれぞれ学生さんや社会人ボランティアさんに勉強を教えてもらっています。宿題や問題集や受験勉強も。たまにはゲームをしたり，折り紙やトランプも[18]。

　団体Bでも，学生ボランティアが活用されている。代表者Bは，以下のように話し，学生ボランティアを継続的に確保していくことは大変だが，有難い存在であると認識していることが示されている。

　学生さん確保が大変ですね。うん。で，学生さんも来てくれる子はやっぱ弟がLDなんですとか，きょうだいの中に自閉症の子がいてとか，そういう子たちもいて。そういう人は理解が深いから。もう安心して子どもたちみてもらえる[19]。

　支援者aは，継続的に団体Aと関わってきた臨床発達心理士であるが，団体Aと専門家との関わりについて下記のように表現する。

　いつの間にか，その人たち（専門家たち）も，なんかほら，団体Aの仲間みたいになってるみたいに（なる）。私も多分，私が意識するとかなんとかする前に仲間に（なっていた）。しゅっと，こう入れてくれるのが上手。なんか転校生がね，こう来てて，校庭の隅っこでこうしてるとさ，しゅっとなんか，縄跳びの真ん中にポンと飛ばしてくれるような，それが見事だ

なあっていう。[20)]

　こうして，専門家たちが，専門的見地から団体 A を支援する立場というよりも，団体 A の仲間となっており，コミットメントが高い状況が形成されている様が語られる。筆者自身も団体 A の茶話会の運営を行っているが，同じような感覚を有している。

　また支援者 b は学校教員であるが，団体設立時から運営において大きな役割を果たしてきた。代表者 A によると，役員編成や団体規約などの組織基盤づくり，総会などの運営の仕方，また団体がめざす理念の方向性などについても助言や支援があり，発足当時から会の運営は支援者 b による力が大きかったという。支援者 b は，団体 A 設立からの 10 年間を振り返って自身の関与を以下のように説明した。

　　　包括的でですね，開かれて，しかもいろんなものを吸収できるような
　　　open and inclusive とか言いますかね。なんか，そういういろんなことを
　　　吸収できながら開いていて，しかも公共性が高いっていうんですかね。そ
　　　ういうものをなんか，目指したかったんですよね。(中略) どちらかという
　　　と最初にかなり関わって，そこからまあ，代表者 A さんができるところ
　　　はちょっとずつあの，ちょっとずつやってもらって，でフェードアウトで
　　　すかね。[21)]

　こうして支援者 b は，組織の基盤づくりを行い，運営が軌道にのったら徐々に撤退することを考えながらも，今に至るまで，影武者のような形で支え続けている。組織運営や活動実施において，専門家の仲間としてのサポートが団体運営の大きな基盤となっていることが示されている。

6.　まとめ―自給自足の営みとしての親の会―

　上記の地域における親の会の活動と組織の特徴の分析から，親の会が果たしている役割として次の3点をあげたい。第1に，障害児家族に生起する多様なニーズが救い上げられ，かつニーズを充足する役割があることが明らかになった。中根成寿が「世帯支援型の家族機能を促進する支援方法は専門家主導で発達してきたのに対して，個人支援型で家族成員の自立を促す支援方法は，親の自発的な集団や地域から発展してきた」(中根 2002：158) と指摘しているように，まさに家族個別のニーズ充足の役割を果たしていることを再確認したことになる。また中根は，家族成員として，子どものほかには主として親のみを想定しているが，本章では，親以外の家族成員として，きょうだい児に対するニーズ充足機能を持っている点も明らかになった。第2に親の会への参加対象を広く想定しており，多様な家族を包摂している役割が示された。会に参画する対象を限定しておらず，多くの人が親の会の支援を享受できるという点については，寛容性の高さがあるとも表現できるものであろう。第3に地域のあらゆる人材資源を見出し，紐帯を築きながら支援する，という役割がみられる。ともに活動を担ってくれる学生や専門家を地域の中から積極的に見出し，つながり，親の会に取り込むことがみられたが，それは，地域住民の網の目の中から仲間となりうる人材を常に探し求め，発掘し，「仲間」になってもらうプロセスであった。

　前述の通り，障害児親の会に関する従来の研究では，障害に関する啓発機能，会員相互の情報や意識の共有機能，社会変革に向けた運動体としての機能があることが明らかになっている。本章では，こうした知見に加え，課題解決へ向けた実践性の高さや機動力があり，行政や民間のサービスでは答えられないニーズ充足の役割を果たしていることが示された。やはり最後の頼みの網であったといえる。とりわけ，障害児のみでなく，親やきょうだい児など家族個々の成員のニーズをも満たすものであり，さらに障害種などで限定せず，あらゆる家族を包摂する包括的な支援であることが特徴的である。加えて，家族成員の状

況に応じ，適時に支援が提供され，さらに家族のライフステージや仲間の状況に応じて，活動の拡充と撤退が柔軟にみられた。

　こうしてあらゆる家族の成員メンバーの生活ニーズの充足を積極的に，かつ柔軟な形で行っている姿は，主体的に問題解決を図る主体性を持つものとして積極的な意味付与をしてもいいだろう。しかしながら，障害児の親の主体性が成立していることを，諸手を挙げてよきものとして喜んでいいのだろうか。多様な家族成員の生活ニーズを積極的に満たしていく親の主体性は，裏返せば問題を自助的に処理するしかない親の実態を示しており，自給自足的な姿と考えられないだろうか。上述したように，地域の中で障害児の親たちが問題解決に向けて頼れる社会的資源は少ない。支援が狭隘な土壌で，親たちは，同じような経験をしている家族に向けて自ら支援を生み出し，潮時がきたら終う。後継の第9章では，障害児のケアは，誰しもが経験することではないために，地域社会での共同的解決の契機が生まれにくい点を指摘している。本章でみてきた親の会の営為は，地域の中で包摂の機会を得にくく，排除されがちな親たちが，自らや家族にたちはだかる問題を自助的に解決している姿である。そこで見出されたのは，親が主体的に問題を解決していこうとする実践であったが，それは一方では，親たちが自らの問題を自助的に処理していくしかない実態を映し出している。ケアラーにふりかかる不平等を，自ら主体的に処理するしかないリアリティである。

　筆者の研究仲間であり，筆者と同じく発達障害児の親を中心とした親たちの地域型支援を描き出す益田仁（益田 2022）の研究においては，そうした親たちが，地域の中で包摂されていく物語が提示されている。益田のフィールドでは，地域のあらゆる人材がつながり集結し，地域のあらゆる親子を包み込む，開かれたあたたかい場が創出されている。しかしながらこうした場が作られたのは，地域の人材や環境などの条件が偶発的に重なったことも大きいだろう。益田の示すような包摂の場が増えることを願うが，不確定要素が多く，そうした場が確実に広がることは厳しいというのが筆者の見立てである。生活上の問題を解決していこうとする障害児の母親たちにとっては，地域の中で手をさしのべて

くれるものはみつからず，結局，自分たちで柔軟に積極的に頑張らざるをえない。その支援の生まれ方は見事であり，生活主体の積極性や主体性ともとれなくもないが，自給自足で問題を乗り越えるしかない親たちの憂き目ともとらえられる。

注

1) 2012 年 10 月 19 日，2014 年 8 月 19 日調査時のフィールドノート中の記述。
2) 団体 A，B ともに，2020 年に新型コロナウィルスの問題が広がって以降は，各種の活動の停止，縮小を余儀なくされた。
3) 親向けの活動に祖母が参加することもある。
4) 2017 年 9 月 4 日　代表者 A へのインタビュー調査時の発言。
5) 2017 年 9 月 4 日　代表者 A へのインタビュー調査時の発言。
6) 2017 年 9 月 4 日　代表者 A へのインタビュー調査時の発言。
7) 2017 年 9 月 4 日　代表者 A へのインタビュー調査時の発言。
8) 2017 年 9 月 4 日　代表者 A へのインタビュー調査時の発言。
9) 2014 年 10 月 26 日　代表者 B へのインタビュー調査時の発言。
10) 2024 年度から茶話会は，再度，年間 12 回の活動実施となっている。
11) 2018 年 7 月 4 日　代表者 B へのインタビュー調査時の発言。
12) 2017 年 9 月 4 日　代表者 A へのインタビュー調査時の発言。
13) 2021 年 1 月 13 日　代表者 A と筆者との SNS でのやりとりから。
14) 2021 年 7 月 21 日　代表者 A と筆者とのメールでのやりとりから。
15) 2010 年 2 月 24 日　代表者 A へのインタビュー調査時の発言。
16) スマイルクラブ，2011，スマイルクラブブログ，2017 年 04 月 27 日（2018 年 7 月 1 日取得，http://k19434649.miyachan.cc/e515968.html）
17) ポン太クラブ，2006，「ポン太キッズ」，ポン太クラブホームページ（2017 年 9 月 1 日取得，http://www.ponta-miyazaki.com/kids.html）
18) ポン太クラブ，2006，「ポン太塾」，ポン太クラブホームページ（2017 年 9 月 1 日取得，http://www.ponta-miyazaki.com/school.html）
19) 2014 年 10 月 26 日　代表者 B へのインタビュー調査時の発言。
20) 2017 年 9 月 23 日　代表者 A，支援者 a へのインタビュー調査時の支援者 a の発言。
21) 2017 年 6 月 11 日　支援者 b へのインタビュー調査時の発言。

第8章

発達障害児の母親の生活実態と QOL

――日本語版社会的ケア QOL 尺度（ASCOT Carer）を
用いた調査の分析――

　本章の目的は，発達障害児の母親の生活実態について，QOL（生活の質＝Quality of Life）の観点も含め計量的分析により検討することである。第3章，第4章，第5章，第6章では，発達障害児の母親の生活実態について，質的な調査に基づいた分析を行った。分析の結果，就労に関する問題や健康状態の問題など生活の多方面にわたって生活困難があること，ソーシャル・サポートが脆弱であること，障害や福祉に関する専門機関によるサービスが支援ニーズの充足に結びついていないことなどの問題が明らかになった。本章では，こうした生活実態について，計量的分析から検討することを試みたい。その際に用いる概念が QOL である。この概念は，高齢社会となるにつれ，高齢者の生活の質を評価する必要性から注目された概念であり，政策分野では，高齢者に対する政策評価のアウトカム指標として普及してきた側面を有している。本章では，生活をとらえる指標としてこの QOL を活用し，発達障害児の母親の生活実態をとらえることとする。

1　研究方法

1.1　採用する QOL 指標

　QOL は，上述のように，高齢者の生活を把握することから発展してきた歴史を持つ。古谷野亘は，高齢者の生活問題把握にあたり，QOL 概念を使用する研究は急速に広がったが，明確な定義がなされておらず，QOL が多義的であることを指摘する。そしてこれまでの QOL の用いられ方を整理し，広義の

健康の意味で使用するもの，満足度や幸福度と同義とするもの，社会計画領域において測定されるもの，臨床場面で測定されるものなど，7つのパターンが認められることを明らかにしている（古谷野 2004）。また QOL は，社会政策の評価指標として用いられてきた。三重野卓は，社会指標が政策，計画に活用されてきた側面を持っており，生活分野におけるアウトカム志向（成果志向）は「生活の質」でとらえられてきたという（三重野 2013）。

　そして本章で活用するのが，この政策評価の流れにあり，ケアに関する政策評価として開発されてきた QOL 指標である。英国ケント大学の Personal Social Services Research Unit（以下，PSSRU と略記）では，社会的ケアや支援のアウトカム指標の必要性に対し，社会的ケア関連 QOL（the Adult Social Care Outcomes Toolkit, 以下 ASCOT と略記）を開発しており，すでに日本語版の開発も行われている（Personal Social Services Research Unit 2018; 森川他 2018）。ASCOT は，日常生活や社会生活のケアや支援を得ている人や，その介護者の QOL を測定するものであり，複数の領域において把握される。複数のバージョンがあるが，本章で採用するのは，日本語版ケアラー用社会的 QOL 尺度（以下，ASCOT Carer SCT4 と略記）であり，山口麻衣らによって日本語版の開発がなされ（山口 2018），介護者（ケアラー）の QOL を測定するものである。

1.2　調査対象

　本章では，発達障害を中心とする障害児の家族会，親の会の4団体（団体 A, B, C, D）の協力を得て，調査を実施した。第1に団体 A の協力により，団体 A が所有している会員名簿を用いて，郵送法により配布，回収を行った。調査期間は，2019 年8月であり，回収数は 15 部である。第2に団体 B が行った学習会の際に調査票を配布，回収した。調査日は 2019 年7月 12 日である。第3に団体 B が主催したイベント時にその参加者に調査票を配布，回収した。調査日は 2019 年 10 月 27 日である。団体 B の協力により回収した数は8部である。第4に団体 C の協力により，2020 年1月 26 日に団体 C が開催した講演会時に調査票を配布し，郵送による返送をお願いした。回収数は，9部である。第5に

団体 D の協力により，団体 D の総会資料などとともに会員を対象に郵送による配布，回収を行った。調査期間は，2020 年 4 月であり，回収数は 150 部である。以上の調査の中で，学習会や講演会時に配票した際には発達障害児の家族とは異なる支援者も含まれていたため，正確な回収率を把握することはできない。4 団体の協力により回収した調査票の総数は，182 票であった。そのうち，「障害児がいない」と回答した 4 票，性別で「男性」と回答した 16 票を除いた162 票を分析対象とすることとした。

　倫理的配慮として，研究の趣旨，匿名性が保持されること，データは研究以外には使用しないことを調査票に明記した。また対面での配布の際は，口頭での説明も行い，郵送調査の際には，調査協力団体の代表者が上記の趣旨について書面にて説明を行った。加えて，九州大学大学院人間環境学府共生社会学コース研究倫理委員会により，研究倫理に関する審査・承認を受けた。

1.3　調査内容

　調査項目は，属性，障害児の状況，障害児の主なケアの担い手，ソーシャル・サポート，子どもの育て方で誰かに責められた経験の有無，子どもの障害について偏見・差別を感じた経験の有無，ASCOT Carer SCT4 とした。ASCOT Carer SCT4 の使用にあたっては，開発を行ったケント大学の PSSRU の許諾を得た。

　ASCOT Carer SCT4 は，表 8-1 に示したように，7 つの領域から構成され，領域ごとの質問文が設定されている。7 つの領域ではそれぞれ 4 つの選択肢が用意されている。例えば，1 番目の「自分の時間」においては，「思い通りに過ごせている」「おおむね過ごせている」「あまり過ごしていない」「まったく過ごしていない」の 4 択形式となっている。他の 6 領域においても，選択肢では，「思い通りに」「おおむね」「あまり〜ではない」「まったく〜ではない」という表現を用い，良い状態から良くない状態へ 4 段階の順序尺度となっており，元の英語版では，ideal state，no needs，some needs，high-level needs と表現されている。本章では，本指標の開発者である Stacey E. Rand らによるイ

表 8-1　ASCOT Carer SCT4 の 7 領域と質問文

領域	質問文
自分の時間	あなたは大切だと思うことや楽しんでいることをしながら，自分の時間を過ごせていますか。趣味，仕事，ボランティア，他者のケアなどを含めて考えてください。
日常生活のコントロール	あなたは日常生活において自分のことを，どのくらい自分で決められていますか。
セルフケア	十分睡眠をとったり，適切に食事をとったりなど，どのくらい自分を大切にしていますか。
個々人の安全	あなたはどのくらい安全だと感じていますか。「安全だと感じている」とは，ケアしているときに，相手からの暴言・暴力や予期せぬけがなどの恐れがないと感じていることをいいます。
社会参加	あなたが望む人とのつき合いについて，あなたの状況を表しているのはどれですか。
自分らしくいられる余裕	毎日の生活の中であなたが自分らしくいられる余裕について，あなたの状況を表しているのはどれですか。
支援や励ましを受けているという思い	あなたがケアしているときに，誰かに支えられたり，元気づけられたりしていると感じていますか。

ギリスでの研究との比較を行うことから，Rand 論文にあわせて点数化し，ideal state, no needs, some needs, high-level needs の順に 3 点，2 点，1 点，0 点とした（RAND et al. 2015）。7 つの領域の点数の合計は，0〜21 点となる。

1.4　分析方法

　分析では，まず ASCOT Carer SCT4 の分布を確認した[2]。次に，上述のイギリスの Rand らの調査結果（RAND et al. 2015）との比較を試みた。この研究は，2013〜2014 年にかけて，社会的ケア関連 QOL（ASCOT Carer INT4= 他記式版）を用いて行われたものであり，障害者の家族ケアラー（身体障害，感覚障害，精神障害，知的障害を持っている人で，既に何らかの公的サービスを受けている人のインフォーマル・ケアラー）を対象とした調査である。調査手法は他記式であるが調査内容が同様であること，ケアをしている対象者の障害の内容は異なるがケアをしている人を研究対象としていることから，本研究との比較として用いることとした。さらに ASCOT Carer SCT4 に及ぼす影響について，属性，子

どもやケアに関する状況との関連性について検討を行った。

2 結 果

2.1 回答者の属性

はじめに属性項目についての単純集計結果を表 8-2 に示した。

年齢については，50 歳以上が約 4 分の 3 を占めており，年齢階層が高くな

表 8-2 調査対象者の属性

		実数	比率（%）
年齢	30 歳代	6	3.7
	40 歳代	35	21.6
	50 歳代	53	32.7
	60 歳代	37	22.8
	70 歳代以上	31	19.1
婚姻状況	既婚	136	84.0
	非婚	2	1.2
	死別	16	9.9
	離別	8	4.9
世帯	一人暮らし	9	5.6
	夫婦だけの世帯	16	9.9
	夫婦と子どもの世帯	107	66.0
	その他の世帯	30	18.5
就労状況	フルタイム勤務	17	10.5
	パート・アルバイト勤務	57	35.2
	就労していない	69	42.6
	その他（自営業手伝い・年金など）	17	10.5
	無回答／欠損値	2	1.2
経済状況	家計にゆとりがあり，全く心配なく暮らしている	27	16.7
	家計にゆとりはないが，それほど心配なく暮らしている	96	59.3
	家計にゆとりがなく，多少心配である	31	19.1
	家計が苦しく，非常に心配である	4	2.5
	無回答／欠損値	4	2.5

っている。これは，調査協力団体の活動年数がいずれも長くなっていることが要因として考えられる。婚姻状況については，既婚が8割を超えており，世帯に関しては夫婦と子どものいわゆる核家族世帯で暮らしている対象者が6割強となっている。就労状況に関しては，就労していない対象者が4割強，パートアルバイト・勤務が3割強，フルタイム勤務が約1割という順に多い。経済状況は，「家計にゆとりはないが，それほど心配なく暮らしている」が最も多く，約6割となっている。

表8-3　子どもやケアに関する状況

		実数	比率（%）
障害児の数	1人	135	83.3
	2人	24	14.8
	3人	2	1.2
	4人	1	0.6
障害児の年齢 （1人目記述）	19歳未満	45	27.8
	19歳以上30歳未満	51	31.5
	30歳以上	66	40.7
ケアの主体 （子どもからみた属性）	母親	143	88.3
	父親	3	1.9
	その他	6	3.7
	無回答	10	6.2
ソーシャル・サポート	無し	5	3.1
	有り	154	95.1
	無回答	3	1.9
障害についての偏見・差別	よくそう感じる	46	28.4
	ややそう感じる	69	42.6
	どちらともいえない	23	14.2
	あまりそう感じない	17	10.5
	そう感じない	1	0.6
	無回答	6	3.7
子どもの育て方で責められた経験	無し	63	38.9
	有り	95	58.6
	無回答	4	2.5

次に子どもやケアに関する状況について，表 8-3 に示した。複数の障害児を持つ対象者は 1 割を超えている。障害児の年齢は，高校卒業後の段階の子ども（19 歳以上）を持つ対象者が 7 割以上を占める。子どものケアの担い手は，母親に集中しており，約 9 割となっている。ソーシャル・サポートについては，ほとんどの対象者が得ている。これについては，ソーシャル・サポート源の種類別にも聞いていることから，その結果を図 8-1 に別途示した。配偶者，親の会の仲間が 6 割を，医療専門職，行政機関の人が 3 割を超えており，主なサポート源となっていることがわかる。一方，他のサポート源はいずれも 3 割を切るものであり，助けになるサポート源の種類は，限定されていることも示されている。障害に関する偏見や差別については，「よくそう感じる」「ややそう感じる」をあわせて約 7 割である。最後に子どもの育て方で責められた経験については，経験がある対象者は約 6 割であった。これも責めた人の関係性を聞いており，その結果を図 8-2 に別途示している。配偶者，自分の両親，配偶者の両親が 3 割程度であり，近い関係の人が多いことがわかる。また学校の先生も 3 割を超え，比率が高くなっている。

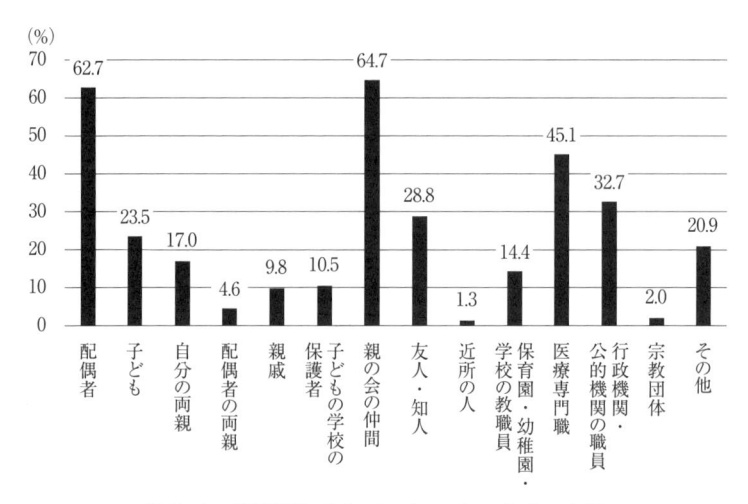

図 8-1　種類別にみたソーシャル・サポート源

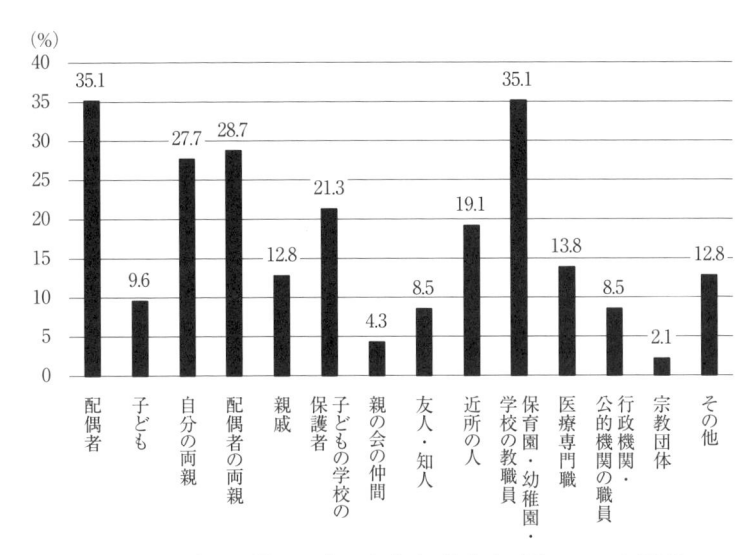

図 8-2　子育てに関して責めた人（回答者（母親）からみた属性）

2.2　ASCOT Carer SCT4

　ASCOT Carer SCT4 の得点合計の分布を図 8-3 に示した。また比較対象とする Rand らによる調査結果（RAND et al. 2015）については，図 8-4 に示した。

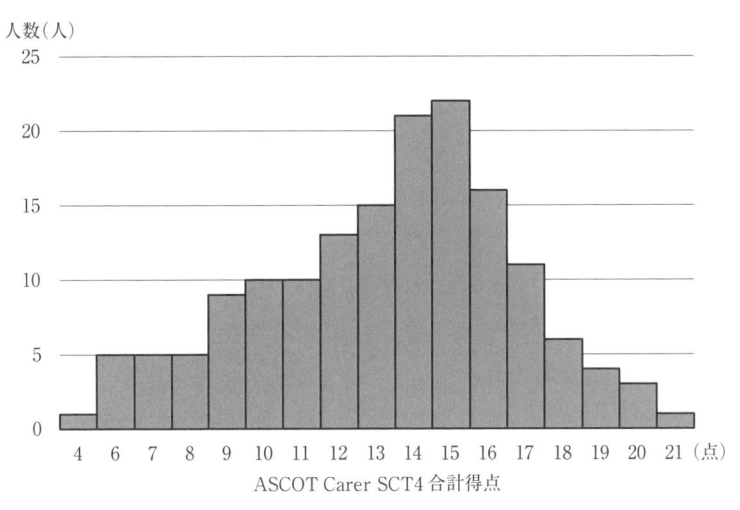

図 8-3　分布対象者のケアラー用社会的ケア関連 QOL の分布（n=162）

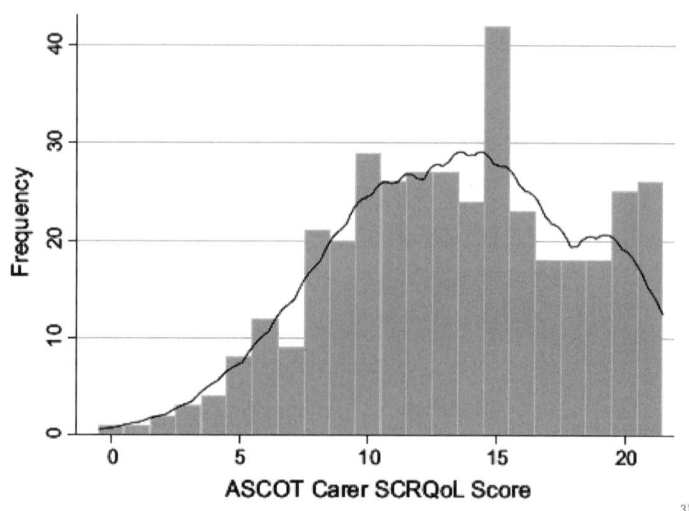
図 8-4　Rand ら（RAND et al. 2015）による ASCOT Carer SCT4 の分布[3]

本研究における ASCOT Carer SCT4 の合計得点の平均値は 13.27，標準偏差が 3.435 である。Rand らによる調査（RAND et al. 2015）では，平均値は 13.4，標準偏差が 4.7 である。平均値については，大きな違いはない。ただ分布からは，本研究のデータでは低い点数もある程度の比率がみられること，一方，Rand らによる調査では高い点数に一定程度の比率があることがわかる。

　また 7 つの領域別の結果について，本研究の結果を図 8-5 に，Rand らによる調査（RAND et al. 2015）の結果を図 8-6 に示した。本研究データは，Rand らによる調査結果（RAND et al. 2015）と比較すると，全体として Ideal State の状態の比率が全体として少ないことが特徴としてあげられ，「個々人の安全」を除き，2 割を満たしていない。一方で，QOL が低い状態について「Hi level needs」と「some needs」をあわせたものは，「セルフケア」，「個々人の安全」，「社会参加」を除き，イギリスの調査よりも少ない比率となっている。そして「Hi level needs」と「some needs」をあわせて 3 割を超えているのが，「セルフケア」，「社会参加」，「自分らしくいられる余裕」，「支援や励ましを受けているという思い」である。

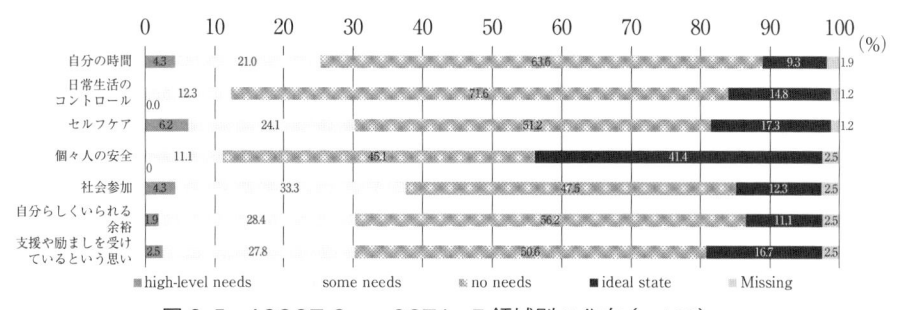

図 8-5　ASCOT Carer SCT4　7 領域別の分布（n=162）

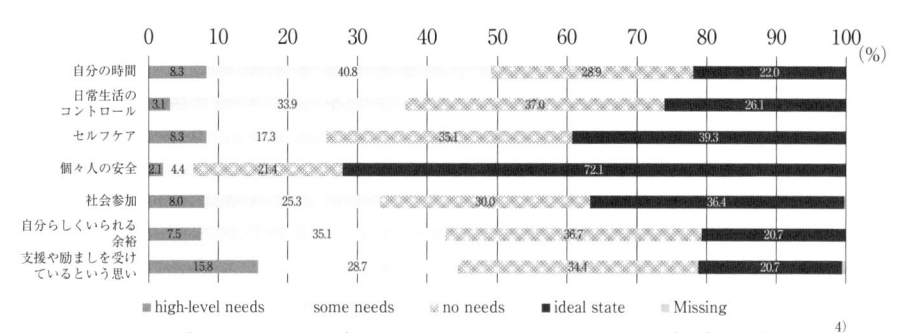

図 8-6　Rand ら（RAND et al. 2015）による ASCOT Carer SCT4 の 7 領域別分布（n=387）[4]

　続いて対象者の属性項目と ASCOT Carer SCT4 の関連を表 8-4 に示した。
2 つのグループからなる属性変数の平均値の比較は，F 検定により等分散性を
確認し，対応のない t 検定を行った。3 つ以上のグループから構成されている
属性変数の平均値の比較については，一元配置分散分析を行った。この中で有
意差がみられたものは，経済状況のみであり，家計にゆとりがあるほうが，
QOL は高い状態となっていた。

　次に，子どもやケアに関する状況と ASCOT Carer SCT4 の関連を表 8-5 に
示した。[5] 属性項目と同じく，2 つのグループからなる変数の平均値の比較は，
F 検定により等分散性を確認し，対応のない t 検定を行い，3 つ以上のグルー
プから構成されている属性変数の平均値の比較については，一元配置分散分析
を行った。第 1 にソーシャル・サポート源の量で有意差がみられ，ソーシャル・

表 8-4　対象者の属性項目と ASCOT Carer SCT4 の関連

		実数	比率 (%)	平均値	標準偏差	ASCOT-Carer SCT4 F 値（F）Welch（W）t 値（t）
年齢‡	30 歳代	6	3.8	12.8	3.92	1.146（F）
	40 歳代	34	21.7	13.3	3.65	
	50 歳代	53	33.8	12.9	3.80	
	60 歳代	34	21.7	12.9	3.18	
	70 歳以上	30	19.1	14.4	2.54	
婚姻状況‡	既婚	134	85.4	13.1	3.49	1.585（F）
	非婚	2	1.3	18.0	2.83	
	死別	15	9.6	13.9	2.87	
	離別	6	3.8	12.7	2.88	
世帯‡	一人暮らし	6	3.8	15.3	1.86	2.302（F）
	夫婦だけの世帯	16	10.2	14.9	2.55	
	夫婦と子どもの世帯	105	66.9	12.9	3.55	
	その他の世帯	30	19.1	13.2	3.39	
就労状況‡	フルタイム勤務	17	11.0	12.9	3.13	0.661（W）
	パート・アルバイト勤務	57	36.8	13.3	3.37	
	就労していない	64	41.3	13.2	3.99	
	その他（自営業手伝い・年金など）	17	11.0	13.8	1.38	
経済状況†	家計にゆとりがある	119	77.3	14.0	2.97	4.476（t）***
	家計にゆとりはない	35	22.7	10.8	3.89	

† t 検定　　‡ 一元配置分散分析
* p < 0.05;　　** p < 0.01;　　*** p < 0.001

　サポート源が多い母親の方が QOL は高くなっていた。ソーシャル・サポートについては，さらにそれぞれのサポート源の有無で平均値の比較を t 検定により行ったが，親の会において有意差がみられ，親の会との関わりがあると QOL は高くなることがわかった。第 2 に，障害についての差別を感じているか，という点において有意差があり，差別や偏見を感じている母親の方が QOL が低い結果であった。第 3 に子どもの育て方で責められた経験において有意差がみられ，子どもの育て方で責められた経験があると QOL は低くなっていた。

表 8-5　子どもやケアに関する状況と ASCOT Carer SCT4 の関連

		実数	比率 (%)	平均 値	標準 偏差	ASCOT-Carer SCT4 F 値 (F) Welch (W) t 値 (t)
障害児数 †	1 人	130	82.8	13.3	3.34	0.567 (t)
	2 人以上	27	17.2	12.9	3.93	
障害児の年齢 （1 人目記述）‡	18 歳以下	45	28.7	12.7	3.93	2.040 (W)
	19 歳以上 30 歳未満	49	31.2	13.0	3.58	
	30 歳以上	63	40.1	13.9	2.84	
ケアの主体（子ども からみた属性）‡	母親	140	89.2	13.0	3.43	3.082 (F) **
	父親	2	1.3	14.5	6.36	
	その他	5	3.2	16.8	2.39	
ソーシャル・サポー ト源の種類 †	少ない（3 種類以下）	89	59.7	12.6	3.32	−3.210 (t) ***
	多い（4 種類以上）	60	40.3	14.3	3.25	
障がいについての偏 見・差別 ‡	感じる	111	73.5	12.8	3.34	5.517 (F) ***
	どちらともいえない	23	15.2	14.7	3.13	
	感じない	17	11.3	15.0	3.55	
子どもの育て方で責 められた経験 †	無し	62	40.5	14.3	3.25	3.090 (t) ***
	有り	91	59.5	12.6	3.45	

† t 検定　　‡ 一元配置分散分析
* p < 0.05;　　** p < 0.01;　　*** p < 0.001

3　まとめ

　本章では，発達障害児の母親の生活実態について，QOL という観点を含め
て計量的分析を行った。QOL については，ケント大学 PSSRU による ASCOT
Carer SCT4 の日本語版を用いて，分析を試みた。

　母親のおかれている状況について，第 1 に障害児のケアを排他的に担ってい
ることがわかった。ケアにかかわる研究では，家族，そしてその中で女性がケ
ア役割を引き受けていることが問題視されているが，本章でも改めてこの点が
確認された。障害児のケアの担い手は，母親以外にはあまりみられない。

　第 2 に母親の多くがソーシャル・サポートを得ているが，サポート源の種類
については，限定的であった。第 6 章では，質的調査から，母親のソーシャル・

サポートを提供するサポート源の種類そのものが少なく，親の会の仲間のみが唯一，恒常的に有効なサポート源として機能していることを明らかにした。本章の量的分析も同様の結果を示しており，ソーシャル・サポートを得ている対象者が多数派であったものの，配偶者，親の会の仲間，医療専門職，行政機関の人のみがサポート源として有効であり，サポート源として機能するものの種類が限定されていることが再度確認された。加えて親の会の仲間は，有効なサポート源であることも再度立証された。

第3に障害に関する差別を感じている母親が多数派であることが明らかになった。これは，社会において「障害者」と「健全者」に区分されており，その中で，障害の当事者のみならず，その家族も差別される立場におかれるという要田洋江の指摘が，現段階でも続いているものとしてとらえられる（要田 1999：67）。障害に対する差別意識が根強い中，母親も差別される状況にさらされる状況が現在もあるということであろう。

第4に子育てで責められた経験を持つ人も多いことが明らかになった。この問題に関連しては，発達障害の障害としての特質も関連していると思われる。筆者の共同研究者であり，児童精神科医である根來秀樹は，発達障害は，「精神遅滞を伴わない場合，彼らの行動が『ふざけ』や『わがまま』だと捉えられ激しい叱責を受けている児童が多い」ことを指摘している（根來 2011：334）。障害内容について理解されておらず，障害に伴う言動が誤解され，対応の間違いが生じている，ということである。本研究での結果は，こうした障害についての理解の遅れや誤解が，子どもへの間違った対応のみならず，母親への責任追及という問題へつながっていることを示している。すなわち，障害が躾の問題としてとらえられ，かつ母親がその責任を引き受けるべき人として位置づけられているということである。さらに母親に責任を求めるのは，配偶者，自分の両親，配偶者の両親という身近な関係性，あわせて学校の先生であり，近しい家族関係と教育現場から母親責任の追及がなされている，という厳しい実態がわかった。

こうした状況におかれている障害児の母親の QOL を ASCOT Carer SCT4

を用いて検討したところ，イギリスの障害者の家族ケアラーとの比較において，平均値についての差はみられなかったが，分布の仕方は異なっており，本研究で分析対象となった母親は，QOLが高い状態にある母親がイギリスの家族ケアラーに比べて少ないことが特徴として見出された。またQOLを構成している7つの領域別にみると，「セルフケア」「社会参加」「自分らしくいられる余裕」「支援や励ましを受けているという思い」という領域におけるQOLの低さが特徴としてみられた。

　QOLに影響を及ぼしているものについて検討したところ，年齢，家族，就労状況との関連性はみられなかった。一方，経済状況，ソーシャル・サポートの状況，障害についての差別経験，子育てに関する非難経験との関連性がみられた。経済状況については，その安定が母親の生活の質を左右するということを示唆している。またソーシャル・サポートを得ているかどうかもQOLに作用していた。育児研究においては，ソーシャル・サポートが母親の育児ストレスと関連しているという知見が多く出されているが，ソーシャル・サポートは母親のQOLにも影響が及んでいた。またあわせて本章のデータでは，ソーシャル・サポート源となっているサポート源の種類が少なかったこと，またサポート源別にみると親の会の仲間のみがQOLとの関連がみられたことにも留意が必要であろう。ソーシャル・サポートそのものが脆弱であり，親の会の仲間のみが母親のQOLの鍵をにぎる主体となっている点は，母親の支援環境の心許なさの裏返しともいえる。さらに障害に関する差別のまなざしや，子育てに関する非難の眼が，母親のQOLを低めていることも重要なポイントである。障害に対する差別や母親責任の強さという社会におけるある種の規範が母親のQOLに影響を及ぼしている。

　発達障害児の母親のQOLの状態については，イギリスの家族ケアラーと比較して，大きな違いはみられなかった。ただ今回のデータをどのように評価するのかについては，比較対象となりうる調査データの蓄積を待つべきであろう。一方，発達障害児の母親のQOLに影響を及ぼしていた要因については，これまでの障害児家族研究が明らかにしてきた母親が抱える問題の影響が見出され

た。すなわちソーシャル・サポートの脆弱性，障害に対する社会の差別規範，母親のケア役割の強調である。これらが母親の QOL と連動していることに鑑みると，やはり早急に母親の生活問題を解消していくことの必要性があると思われる。

付記

　ASCOT Carer SCT4 日本語版は，英国・ケント大学のパーソナル・ソーシャル・サービス研究ユニット（Personal Social Services Research Unit（PSSRU））の許諾を得て使用いたしました。

注

1) Rand ら（RAND et al. 2015）では，ASCOT-Carer four response-level interview（INT4）（他記式版）が用いられているが，調査内容は同様である。
2) ASCOT Carer SCT4 の日本語版については，まだ重みづけが開発されていない。そこで重みづけを参照せずに単純に 7 領域の点数の和を求めた。
3) Rand et al.（2015：2604）から転載した。
4) Rand ら（Rand et al. 2015）に掲載されていたデータをもとに作図した。
5) ケアの主体については圧倒的に母親が多いことから，分析には含めないこととした。

第9章

家族によるケアと地域の共同性
——高齢者，子ども，障害児のケアから——

　これまでの章で明らかにしてきたように，障害児の母親には，過重で排他的なケア負担がある。また本書では，生活者の主体性と地域社会での問題解決を基軸にする生活構造論を援用しながら，障害児の母親の生活問題を考えてきた。そこで，家族によるケア負担が重い問題について，生活者の暮らす場である地域社会において共同的解決は成立しているのだろうか，という問題について改めて考えてみたい。本章では，これまで筆者が行ってきた高齢者，子ども，障害児のケアに関する地域での支援のあり方を比較検討する中で，家族が抱えるケア問題を共同解決する場として地域社会が機能しているのか，という問いについて紐解くこととしよう。

1　ケアの必然性とケアに応答してきた家族[1]

　第1章で示したように，ケアが必要な状態は誰にでも訪れることであり，ケアされることは私たちの生活にとって必然的なことがらである。このことはフェミニズム領域での発見であり，それ以降，学問横断的に主張されてきた。ケアを必要とする状態は依存と表現されるが，Martha A. Fineman は，「不可避の依存」という言葉で，人間にとってケアされる状態は必至であることを表現している（Fineman 1995=2003）。また Eva F. Kittay は，「依存は個人のライフヒストリーにおいて避けることができない」といい，「人間の条件としての依存」（Kittay 1999=2010：81）と言い表している。

　依存状態に対しては，当然それに応答する人が必要になるが，その役割を引

き受けてきたのは，家族であった。岡野八代（岡野 2012）は人間にとってのケアの必然性，そしてケアの必要性に対して応答してきたのが家族であることを次のように述べる。

　　人間がそもそも無力な存在として生まれてこざるを得ない限り，ひとは一人では生きていけない。すなわち，生まれてきたすべての人間存在は，すでに生きる能力を身につけた他者に依存し，物質的・身体的・精神的なケアを受けなければ，生きる能力を持った者へと成長できない。わたしたちはみな，誰かの下に生まれ，世話をされ，成長してきた。そして，誕生したばかりの新しいひとと，そのひとをケアする人たちの集まりを，わたしたちは家族的なるものと認めてきた。（岡野 2012：144）

　さらに家族メンバーの中でも女性がケアを担ってきたことが指摘されている。Kittay は「依存の世話を引き受けてきたのは女性」であり，「その労働は家族の義務として，ほかのどんな責任にも勝ると考えられてきた」（Kittay 1999=2010：30）という。ほかの論者も女性がケアを排他的に引き受けてきた実態があったことを一様に述べる。こうした議論における大きな問題提起は，女性によるケアが不可視化されていることである。Susan M. Okin（Okin 1989=2013）は，これまでの政治哲学や政治理論において，私的な家族生活は，公的な政治・市場の生活とは原理が異なるものとして別の領域に位置づけられていること，また子どものケアを中心として家族生活の責任を引き受ける女性は市民生活，政治生活から排除されている問題を示している。加えてケア責任を担う女性が排除されていること自体が隠蔽されており，見えない状態であることに疑問を投げかけている。同様に岡野は，リベラルな社会が構築される中で，家族が排除され，家族によるケア実践が見えなくなっていることを以下のように述べる。

　　具体的な他者とのあいだに依存関係を結ぶ者たちの居場所は，リベラル

な社会が想定する公私二元論のどこにも存在しない。あたかも，ひとはすべて無力の状態で生まれ，そこには彼女・かれを見守り必要に応えてくれる誰かがいた事実を，わたしたちが忘れ去っているかのように。(岡野2012：49)

こうして誰にとってもケアが必要な時期があること，そしてケアという実践が家族の中で行われ女性たちの役割であったこと，さらにこうした女性によるケア実践は当然視され，ケアする人やケアする行為がないがしろにされていたことが，近年になってようやく議論の俎上にのったのである。問題の核心は，家族がケアを専従的に担い，そしてそのことを私たちが閑却してきたことである。実際に家族のみによるケアは，当然ながら無理がかかることであり，上野千鶴子（上野 2003）は，その状態をいつ転覆してもおかしくないといい，その状態を「積みすぎた方舟」と形容する。

2　家族ケアの限界と地域福祉論の台頭

上記のように家族（の中の女性）には排他的なケア役割があり過重な負担があること，そしてその実態が没却されてきたというフェミニズム領域の議論が端緒をなし，各分野からの問題提起がなされてきた。このような議論が家族の改革に注力するのに対し，別のラインにおいて，家族が専従的に担ってきたケアを支える場として着目されてきたのが地域社会である。学術的にも，政策的にも，そして実践においても地域社会において家族によるケアを支えることが福祉の一つの方向性として確立してきた。いわゆる地域福祉と呼ばれる福祉のあり方である。

そもそも地域社会は，生活問題の共同解決の場として位置づけられてきた。本書でも基軸概念として位置づける生活構造論の初期の論者の1人である鈴木広（鈴木 1986）は，生活構造を「生活主体としての個人が文化体系および社会構造に接触する，相対的に持続的なパターン」（鈴木 1986：177）と定義する。

その内容は，生活主体が社会構造（階級や地域）に接合する仕方とその生活目標の志向性により把握されるものと言い換えられる。鈴木の生活構造論は，生活主体が生活理念に基づき地域社会に参与するあり方として生活をとらえようとするものであった。第1章で提示し，本書が最も依拠するところの森岡清志（森岡 1984）の議論は，鈴木や鈴木と同じ都市社会学における倉沢進の生活構造論（倉沢 1968）を批判発展的に論じるものである。森岡の新たな視点は生活者の主体性を生活問題の解決・処理に求める点にあり，従来の生活構造論の社会参加構造の見解を改め，「むしろ資源＝財の処理をともなう生活問題の解決・処理行動と規定されるべきである」（森岡 1984：86）という。森岡は新たに都市的生活構造という概念を提示し，「都市住民が，自己の生活目標と価値体系に照らして社会財を整序し，それによって生活問題を解決・処理する，相対的に安定したパターン」（森岡 1984：86）と定義づけ，その枠組みを示した（第1章図 1-1 参照）。

　生活主体が生活問題解決へ向け社会参与するという考え方は，実は地域福祉のあり方と整合的である。福祉の目指す方向性として，学術的，政策的，実践的に地域福祉の考え方が現れ，広く浸透したのは周知の事実であろう。2000年以降の社会福祉の特徴を「地域福祉の主流化」としてとらえる武川正吾（武川 2006）は，「老人福祉，児童福祉，障害者福祉のような縦割りではなくて，領域横断的な地域福祉の考え方が社会福祉の世界で重視されるようになってくる状況」として説明している（武川 2006：2）。今や福祉的課題を解決する上で，地域福祉は基本的な考え方となっているが，この見解が学術の場で広がったのは，1970年代であった。地域福祉に関しての代表的論者であり，社会学の考え方を援用する岡村重夫（岡村 1974）はその著書『地域福祉論』の冒頭において以下のように言及している。

　　　社会福祉の対象となるような生活上の困難の発生しているのは，まさしく地域社会においてであるから，その解決の努力も，当然その地域社会の中で，また，地域社会に向けて行われるのでなくてはならない。ところが

　　従来の社会福祉サービスは，この生活問題の発生の場所であり，根源でも
　　ある地域社会を無視して，これから離れたところでなされる傾向があった。
　　つまり社会福祉援助の対象者を，問題発生の根源である地域社会や家族か
　　ら引き離して，収容施設に隔離的に保護することで終わろうとしてきた。(岡
　　村 1974：1-2)

　こうして岡村は生活主体の問題の場を重視し，地域福祉論を唱える。生活主
体が生活問題発生の場である地域社会において解決を図ろうとする図式は，ま
さしく生活構造論や都市的生活構造論の考え方に合致している。

　地域福祉は政策としても進められてきた経緯があり，2000 年に成立した社
会福祉法に「地域福祉」という文字が初めて明記された。実際には，それ以前
から地域福祉政策はみられ，その起点は 1990 年の老人福祉法等の一部を改正
する法律であったといわれている。この時点では在宅福祉や地方分権の方向性
が現れ，地域福祉を含意する志向性が登場した。以降，福祉活動は市町村とい
う地域的範囲においてなされることが前提となり，公的サービスに関しては市
町村自治体が主な実施主体であり，サービス内容として在宅福祉サービスなど
を増加させる地域福祉政策が推進された。ただし，生活者の主体性に重きがお
かれていた学術的な地域福祉論の理念とは異なり，政府の地域福祉政策推進の
大きな目的は財政抑制であったといえる。つまり，地域住民の活動により，福
祉予算を削減する意図があり，いわゆる小さな政府の一環として展開されてき
た。そうした傾向は現在もみられ，2016 年に新しく提示された「我が事・丸
ごと」政策にもそうした狙いが見え隠れしている。

　さて学術的に提唱され，奇しくも政策の方向性とも軌を一にした地域福祉は，
実際に様々な活動がみられた。その代表例として，1980 年代後半から 1990 年
代にかけて全国的に盛隆した「住民参加型在宅福祉サービス」がある。これは，
「サービス利用者と担い手を会員制とし，低廉な金銭を均一にして利用者と提
供者とがやりとりをする有料・有償の活動」(野上 1995：158) である。生活理
念や生活目標に基づき地域住民が福祉的問題の共同解決へ向け社会参与する活

表 9-1　介護者の 4 類型

類型	介護者の例	介護者と被介護者を媒介するもの 介護者の動機づけ
家族・親族	子供，配偶者，嫁	愛情，規範
公的サービス	公的老人ホームの寮母，公務員ヘルパー	権力
営利サービス	有料老人ホームの寮母，家政婦	貨幣
互助型サービス	ボランティア，生協	連帯価値

出所）直井 (1998)：119

動と解され，これまた生活構造論，都市的生活構造論の考え方と符合するもの
であった。直井道子（直井 1998）は，表 9-1 のように介護者の類型化を試みて
いる。これによると「住民参加型在宅福祉サービス」は互助型サービスに相当
することがわかり，介護者と被介護者を媒介するもの（介護者の動機づけ）は「連
帯価値」となっている。介護者の動機づけの理念的位置づけからも，そのよう
な解釈が可能であろう。

　地域福祉の動きが加速度的に広まった契機としては，高齢者介護と子育てを
家族で行うことが難しくなり，その限界が社会問題化していったことが大きい
だろう。後藤澄江（後藤 2012）は，1980 年代半ば以降の人口構造の少子高齢化
の進行は，家族形態と家族機能，家族意識の変化をもたらし，介護・子育てを
めぐる福祉問題を深刻化させたという。1970 年代までは，子どもと同居する
高齢者がマジョリティであったが，1980 年代半ばからは高齢者のみ世帯が増
加したことで，高齢者介護問題が社会的関心事項となり，新たな高齢者介護シ
ステムの構築の必要性が高まった。また子どもの養育に関しては，子どもの社
会化機能などに関する社会からの家族への期待は依然として高いが，実態とし
ては家族生活の個人化が進んでいることが示されている。こうして後藤は
1980 年代以降，高齢者介護と育児の問題が「出現」したと表現しており，家
族によるケアの限界が露呈していることを示している。

　以後，家族によるケアの限界を共同解決する場として地域社会が措定され，
生活構造論，都市的生活構造論に符合する地域福祉の展開が多くみられたと考
えられる。では，福祉活動の展開において，実際に地域社会はどのように生活

問題解決の場となってきたのだろうか。以下では，筆者が実施してきた高齢者福祉，子育て支援，障害児家族の調査内容から，家族ケアの支援と地域社会の関連性について改めて考えてみたい[2]。

3　高齢者のケアと地域福祉活動の展開
—連帯価値に基づく人々の地域参画—

　地域福祉という福祉の枠組みにおいて，当初，目指されていたのは，先にも示したように介護問題が顕在化する中，高齢者のケアを支えることであった。実際に高齢者介護を念頭においた地域福祉の実践が他領域の福祉に先行し，あちらこちらでその展開がみられた。以下では筆者がこれまでかかわってきた事例をもとに，高齢者福祉における地域福祉活動の内容と地域社会がどのような意味を持っていたかについて検討する。

3.1　山形県上山市における福祉のまちづくりの展開

　まずは福祉を標榜するまちづくりの事例から検討する（山下 1999）。山形県上山市の中川地区では，1975 年につくられた「中川福祉村」という自治組織があり，現在でも存続している。この自治組織に関する歴史は長く，1956 年に当該地区に精神科を持つ上山病院が建設され，農家との協力関係のもとに農作業に関わる治療がなされていたことに下地があった。その後，地域組織，福祉施設，地区内工業団地の企業の 3 者により組織化されたものであり，運動会や祭りなどのイベントの他，高齢者施設の訪問や食事提供などの福祉活動が実施されている。ただし，こうした活動は恒常的に行われる性質のものではなく，散発的なボランティア活動として位置づけられる。この自治組織ができた背景には，高齢者介護に関する危機感があった。また組織の特徴は，下記の中川福祉村の宣言に見出すことができる。

　　21 世紀は福祉を住民の手で進める時代である。社会福祉の原点は，地

域社会の連帯意識の中で，ともに生きる喜びを共感することであり，それには，互いに関連する日常の生活の場で，感得するいたわりの心，励まし合い，そして生きる意欲から生まれる。

　　このいたわり，励まし，そして，自ら意欲する心こそ福祉の心である。村は，福祉の心が醸成されることで，明るく，健やかな，生きがいのあるコミュニティーとなる。

　　中川地区は，上山市街を一望におさめることのできる蔵王山麓の美しい自然のなかにひろがっている。山林は美しく育ち，素朴な人情と学習に意欲する住民の村である。美しい自然環境に恵まれ，福祉施設の多い中川地区に共存する住民が心を寄せ合って，福祉の村をつくるのである[3]。

　このように住民の福祉を実現するため，地域社会の連帯意識の必要性を理念として掲げている。この連帯意識の状態について，筆者は，鈴木広（鈴木 1978）が提唱したコミュニティ意識論に基づき，福祉的担い手（病院）が入ってきたことにより，従来高かったコミュニティ・モラールに加えて，コミュニティ・ノルムも高い状態を達成したと解釈した。つまり中川福祉村は，相互主義とローカリズムを基盤とする地域において，福祉のまちづくり活動の展開により質的にも高いコミュニティ意識を有するに至り，地域のまとまりが形成されるという副次的効果を持ちながら地域福祉活動が成立した事例ととらえられる[4]。

3.2　農業協同組合による地域福祉活動

　次に前掲の住民参加型在宅福祉サービス提供による地域福祉の展開について検討する。こうしたサービスの提供主体としては，社会福祉協議会，生活協同組合などの組織がみられたが，本節では農業協同組合（以下，農協と略記）の2事例について考察する（山下 2001；山下・姜 2007）。

　住民参加型在宅福祉サービスは，各地域で実施されていた相互援助活動を，1987年に全国社会福祉協議会が統一の概念として称することとなったものである。その特徴は住民会員制，低額の有料・有償の活動，非営利性とされている

（金川・東根 2011）。このサービスには多様な提供主体が想定されており，1990年代の全国社会福祉協議会の報告書（全国社会福祉協議会 1993）では，住民互助型組織，協同組合型組織（生協，ワーカーズコレクティブ，農協），社会福祉協議会，行政関与型組織，施設運営型に類型化されていた。

　以下では住民参加型在宅福祉サービスに取り組んでいた2つの農協の事例から，地域社会がどのような役割を果たしていたか，について検討する。農協の高齢者福祉活動は，農協女性組織による「JA助け合い組織」に源流があり，多くの農協で組織化がみられ，筆者の調査時点の1999年では640組織にも上っていた（北川 1999：54）。この組織は，農協でホームヘルパーを養成し，高齢者の家事援助，身体介護，食事援助等のサービスを提供することを主たる目的としており，住民参加型在宅福祉サービスに相当するサービスを展開していた。

　まず1990年代におけるJA十和田市の福祉組織化をとりあげる（山下 2001）。JA十和田市では，1992年からホームヘルパー養成研修3級課程を実施し，1993年にホームヘルパー54名から構成される助け合い活動組織「きずな」を発足させている。本組織が当初，取り組んだのは，食事の世話，洗濯，掃除などの家事援助サービス，身体の清拭，身体介護などの介護援助サービスであり，在宅サービスであった。またサービス利用にあたっては，利用者が事前に利用券を購入し，サービスを受ける際に利用券をホームヘルパーに渡す形となっており，低廉な利用料からなる有償ボランティア活動であった。1995年からは，従来の在宅サービスに加え，市の社会福祉協議会の委託サービスとして給食サービスを実施することとなり，「きずな」では献立作成，食材調達，調理を行っている。これは従来の在宅サービスの報告，検討を行う定例会の中で見出されたニーズから，活動につながったものである。在宅サービス，給食サービスともに提供する量は，年々増加していっていた。

　「きずな」の人的資源については，発足当初は全員がJA女性部の部員であったが，実際に活動をはじめる段階で，農繁期に十分なサービス提供が確保できるかどうかが問題となり，市の広報やJA広報上の募集により組合員以外のヘルパー確保に努めた経緯がある。活動が軌道にのった1999年において実際

に活動を担っていたヘルパーは 47 名，そのうち組合員世帯のメンバーが 7 名，非組合員世帯のメンバーが 40 名であり，非農家世帯のメンバーが 85.1 ％となっていた。農協への集団参加を仲立ちとしておらず，「地域集団における自由加入型」(鈴木 1986) に近い性質を有していたといえる。

また実際に「きずな」に参画したメンバーの動機づけの調査では「他人のために何か役にたつことをしたいと思ったから，という利他的なモチベーションによるもの」(山下 2001：382) が多くみられた。これについて筆者は，「不特定の地域住民を想定した相互主義的な志向性」(山下 2001：382) と位置づけている。「きずな」のメンバー構成，支援者の動機付けからは，農協という組織内部にとどまらず，地域における住民を広く想定し，連帯することを媒介項として活動が行われていたことが示されている。

次にとりあげるのは，2000 年の介護保険法施行後に調査を行った宮崎県の尾鈴農業協同組合 (以下，JA 尾鈴と略記) の事例である (山下・姜 2007)。周知のように介護保険は，高齢者のケアを従来の家族責任から基本的に社会の責任へと転換するものであり，高齢者福祉の仕組みを大きく変更させている。2006年調査当時は，助け合い組織を母体に介護保険事業者となった農協が多数みられたが，JA 尾鈴でも同様であった。

JA 尾鈴は，1975 年に川南農協と都農農協の 2 つの農協の合併によりできた農協である。組織として JA 尾鈴川南本所と，JA 尾鈴都農支所に分かれており，それぞれの女性部で実施されたホームヘルパー養成講座により，本所では助け合い組織，支所では女性部の下部組織としてヘルパー部会ともに助け合い組織が発足している。川南本所における当初の活動は，特別養護老人ホームにおけるシーツ交換などのボランティア活動の他，川南町自治体が実施するミニデイサービスにおいてレクレーション活動を担当する活動であった。また前述の通り JA 尾鈴は介護保険事業者として参入するが，登録ヘルパーは，すべて川南本所の助け合い組織のメンバーであった。さらに介護保険法施行後に，助け合い組織において，介護保険では賄いきれないニーズを拾い上げ，サービスを開始する動きがみられた。利用者は少ないが，介護保険サービスを受けることの

できない高齢者宅での家事援助サービスが行われている。加えて，助け合い組織の活動ではないものの，農協単独の事業として宅老所（ミニデイサービス）の事業を始めており，女性部の部員がサービス提供者として参加している。この活動には，農協女性部でも高齢者に関するニーズを把握していたことが影響しており，実際にアンケート調査を実施することでニーズを再確認し，活動が始まった経緯があった。元気な高齢者を対象にしたミニデイサービスは，週1回開催されており，看護師などの資格を有する女性部員4人がサービス提供者となっていた。都農支所の助け合い組織では，調査時点の2006年において，社会福祉協議会による配食サービスの配達が活動の中心をなしていた。ヘルパーには，交通費込みで一律1,500円の報酬があり，有償ボランティア型の活動が展開されていたといっていい。

　こうしてJA尾鈴では，女性部のホームヘルパー養成に基づく助け合い組織の組織化に端を発し，高齢者支援のニーズを細やかに把握しながら，様々なサービス提供に結実している。地域に根付いて活動してきた農協として，収益を得るための事業としてよりも，地域住民への還元を行う事業として高齢者福祉活動を始動させた思いが，多様かつきめ細かいサービスの背景にあることが，農協職員への調査からわかった。また福祉活動を行う担い手の意識であるが，当初は「家族の介護をするときに役に立つから」という個人的問題から出発している人が多いことが職員の調査から示されている。そうした個人的関心から出発するものの，例えば配食サービスにおいて，「仕事としてよりも，ボランティア的に関わる人が多い」（山下 2007：136）というように農協職員は評価している。このことは，配食サービスの際に，お茶を入れる，お茶碗を洗うといったちょっとした家事を積極的に行う部員が多いことからも示されている。活動への参加は連帯価値に基づくものであるととらえられる。

3.3　小　　括

　高齢者ケアを念頭においた地域福祉活動においては，住民の社会参画のプロセスにおいて連帯という価値が媒介項となって成立していることがわかる。そ

れは福祉のまちづくりにおいて理念として掲げられ，農協の地域住民への還元という姿勢に見出され，さらにサービス提供者の動機づけとしてもみられるものであった。直井の介護者の動機づけ類型にうまく合致するものであり，互助型サービスとして成立している。ここでとりあげた事例は，いずれも農村地域での福祉活動であったが，農村地域がもっている相互主義やローカリズムの基盤に，福祉という理念が付加され，地域福祉活動が有機的に展開したともとらえられる。

　サービス提供者となる主体にとって，こうした地域福祉の枠組みはあらかじめ出来上がっており，そこに参画していくプロセスがあった。つまり地域福祉に取り組む既成の組織があり，そこに生活者が参画していくのである。連帯の相手となるのが地域住民であることは自明視され，福祉活動が地域単位でなされることはコンセンサスの上で活動に参画していく。高齢者福祉の活動において，都市的生活構造の図式は，生活者が既存の社会財に参画していくものであったととらえられる。

4　子育て支援活動の展開と地域社会
—連帯価値に基づくボランタリーな組織化—

　1980年代以降，育児を社会化する必要性の認識が高まった。政府は少子化対策を発端とする子育て支援政策に1990年代半ばから着手している。また阪神淡路大震災を契機とするボランティア活動や市民活動の隆盛は，子育て支援活動にも広がり，NPO法人や任意団体による民間ベースの活動が活性化した。そうした育児の社会化をめざした活動は，官民ともに地域社会の場で展開されることが多かったといえる。このような子育て支援活動は，地域社会においてどのように展開されていたのか。以下では筆者の調査事例をもとに検討する。

4.1　ファミリーサポートセンターの支援者の動機づけ
　まずはファミリーサポートセンターの育児支援者の分析をとりあげる（山下

2004)。ファミリーサポートセンターは少子化問題に端を発する育児支援政策の一環として打ち出されたものである。具体的には 1994 年に当時の労働省の「仕事と育児両立支援特別援助事業」としてはじめられ，1999 年の新エンゼルプランにおいて「地域において子育ての相互援助活動を行う会員制の組織」として整備が示された。市町村単位で設置され，運営も市町村が主体となる仕組みであり，保育制度を補完するサービスを各地域センターごとに登録する提供会員が，各地域の依頼会員に提供する。公設公営型，地域社会単位で行われる子育て支援活動であり，2002 年時点では，全国に 262 か所のセンターがおかれていた。

　筆者は，宮崎市の「ファミリー・サポート・センターみやざき」で 2003 年に調査を実施し，支援者の動機づけの分析を行った。支援者である提供会員に共通している点として，支援者となる前は専業主婦であること，そして子育てがひと段落した段階で活動に参画するプロセスがみられた。また動機づけとしては，4 つの類型に整理した。第 1 に自身の子育てにおいて苦労を体感したことから，今現在，子育てをしている世代を助けたいという動機づけが見出された。これを筆者は，「子育て経験の活用—達成的関係における相互扶助性としての育児支援」と名づけた。地縁関係や血縁関係といった帰属的関係性における互酬性とは異なり，これから築かれる達成的関係における相互扶助的な意識ととらえている（山下 2004：47）。第 2 に別居している子どもから子育ての大変を聞き，同じように核家族で子育てをしている地域の親たちを助けたいという思いがみられ，これを「家族の代替性—別居の子どもを通して必要性が認識された育児支援」と名づけている。第 3 に子育てがひと段落した際に，職業キャリアを活かしたいという「専門性の活用—職業キャリアを活かす場としての育児支援」，第 4 に社会とのかかわりを持ちたいという意識ややりがいのある活動をしたいという「社会参加—社会との接点としての育児支援」という動機づけが見出された。これらのうち特に「子育て経験の活用」や「家族の代替性」は，先の直井の類型における「連帯価値」がみられるものである。専業主婦においては子育てがひと段落したステージで，こうした動機づけを媒介として，

地域社会における福祉活動に参画していくプロセスがみられたものと解釈できる。

4.2　住民主体型育児支援組織におけるリーダーの動機づけと組織の特徴

　1990 年代からは，ファミリーサポートセンターのような公設公営の会員制組織の他，地域社会を基盤として住民が主体的に子育て支援活動を行う組織も各地に生まれた。1990 年代以降にボランティア活動，市民活動が盛んとなり，さらに 1998 年に「特定非営利活動促進法 (NPO 法)」が施行されたことが後を押すような形で様々な地域でみられたものである。

　筆者は，宮崎県において子育て支援活動を行っている NPO 法人，任意団体のリーダーに対する調査を実施し，活動に対する動機づけ分析を行った (山下 2012)。この分析からは，6つの動機づけがみられ，ファミリーサポートセンターの支援者と類似した傾向がみられた。まず「専門性の活用」という動機づけにおいては，単に専門性を活かしたいということに加えて，専門性を活用して「他の人の役にたちたい」という志向性として特徴づけた。次に孤立している子育て環境などを問題化し，子育てを行っている祖父母の役割や隣近所の役割を代替して担っていこうとする「家族・地域の代替性」という動機づけや「子育て経験の活用」をめざす意識がみられた。さらに専業主婦であることから「社会参加」をしたいという意識や，近代的母親規範などを問題視した「学習への志向性」という意識も生まれていた。そして孤立する子育て環境を打破するために「ネットワーキングへの志向性」という動機づけが生まれ，実際に地域社会を舞台に子育て支援活動を行うための組織化につながるのである。利他的志向性の強さ，子育て環境を問題視する強い動機づけに水路づけられ，子育て支援の組織化につながり，活動の展開がみられたといえる。

　さらに NPO 法人，任意団体を問わず子育て支援活動を行っている組織の特徴の分析も実施している (山下 2011)。調査を実施した組織においては，リーダー，メンバーともに女性であり，やはり専業主婦であった女性が大部分を占める。こうした組織の成立基盤から当事者型，専門性活用型，活動発展型，活

動派生型に類型化を行ったが，いずれの類型にも共通する特徴として，子育ての現状に対する関心や問題意識をもとに，自発的に活動を開始している点がみられた。またそうした活動に共感してくれる仲間を得て組織化につながっていることもわかった。

4.3　小　　括

　こうして地域社会においてみられた子育て支援活動においては，専業主婦層を中心とする参画過程がみられた。活動参画の背景には，子育てを終えたライフステージにおいて自己実現を求める意識の他，子育て環境を憂える問題意識が生じたことが大きい。特に孤立する子育て環境を問題視し，今の子育て世代を助けたいという思いが多くみられた。やはり連帯価値を媒介項としていたことがわかる。

　こうして専業主婦らの感じていた問題意識は，地域社会における組織化を通じて解決を図る方法へと結実する。地域社会においてボランタリーな組織化がなされたということである。ファミリーサポートセンターのように既存の社会財の枠組みに参画するプロセスに加え，女性たちが地域社会の中でボランタリーにネットワーキングを図り，結果として地域の共同性が生まれた。こうした共同性は，時代状況にも規定されており，ボランティア活動や市民活動の広がりの中で，生まれたものともいえる。

　子育て支援においても，やはり生活構造論や都市的生活構造論の図式に合致する生活主体の動きがあったといえる。さらに高齢者福祉のようにはじめから組織があったわけではなく，主婦たちがボランタリーに地域社会単位で組織化を行っていることが特徴的である。

5　母親が孤立する障害児のケア
—後景に押しやられる地域の共同性—

人間にとって依存は不可避であることは先に述べたとおりであるが，依存状

態は高齢期や子ども期に限らない。病気や障害も依存状態であり，この際にも家族がケアを行っている。筆者はケアをしている家族として，発達障害児の母親の生活問題を検討してきた。

第3章から第6章においては，発達障害児の母親の生活問題処理過程において，全般として社会財が十分に機能していないことを示してきた。生活問題処理における社会財としては，森岡は，専門機関群と相互扶助的提供主体群を示している（第1章　図1-1参照）ことから，それぞれについても，別途検討を行っている。

第5章では，専門機関群に関して，地域社会におけるサービスが全体としていきわたっていない現状を明らかにした。また発達障害者支援センターにおける調査から発達障害児の家族に対する専門サービスに関する分析を実施した。この分析からは，発達障害児の家族に対する専門サービス量が不足していること，またサービスの質にも問題が見出されることがわかっている。さらに専門サービスの量について地域差があることも示された。

第6章では，相互扶助的提供主体群について，発達障害児の母親のソーシャル・サポートの面から検討した。分析の結果からは，ソーシャル・サポートを提供するサポート源の種類そのものが少なく，親の会の仲間のみが唯一，恒常的に有効なサポート源として機能していることがわかった。また母親たちが受けるソーシャル・サポートの内容に偏りがあり，道具的サポート，情報的サポート，社会情緒的サポートのうち，社会情緒的サポートを中心に提供されることが明らかになった。総体として，発達障害児の母親たちは，対人的支援からも欠落した状況にある。

こうして発達障害児の母親たちは生活問題処理過程において，役に立つような社会財を地域の中に見出しえない状況におかれている。高齢者福祉でみてきたような地域福祉組織は地域にはなく，子育て支援活動のように，地域で組織化が行われ，サービスが創出されるといったこともみられない。唯一，親の会という当事者団体において自助的な相互支援がみられる程度である。障害児のケアに関して，地域での共同解決は僅少な状態と判断できる[6]。

6　まとめ

　高齢者介護，子育てという福祉問題に対しては，地域福祉の枠組みが成立しており，生活主体が地域社会に参画する形で問題解決が図られようとする図式が見出された。ただし地域福祉の枠組みがあらかじめできあがっており，そこに生活主体が参画していく高齢者福祉と，問題解決において地域組織化もみられた子育て支援とは，そのプロセスは若干異なっていたといえる。つまり高齢者福祉においては，生活主体が既存の組織に参画し，一方の子育て支援では，生活主体がボランタリーに組織化を行ったという具合である。小柳宜子（小柳2000）は，住民参加型在宅福祉サービスを「地域型相互援助事業」の中心として論じ，森岡の都市的生活構造を援用しつつ，「既存の社会財の限界から，自ら社会財を共同で作り出した」（小柳 2000：466-7）ものとして説明している。すなわち公的セクターと市場セクターでは都市生活におけるニーズの多様化や深化への対応に限界がみえはじめ，非営利セクターにおいてサービス創出がみられたという。小柳は，高齢者を対象とする住民参加型在宅福祉サービスを想定して，このような議論を展開するが，既存の社会財で賄いきれないことによるサービスの創出過程は，筆者の行ってきた研究をふりかえると子育て支援活動によりあてはまる。本章でみてきた事例も，社会財を作り出しながら問題解決が図られてきた。[7]

　地域住民は，高齢者介護では既存の社会財に参画し生活問題解決を担い，育児においては社会財を共同で作り出し生活問題解決にあたってきた。いずれにしても，地域社会の社会財の整序化プロセスが可能となっているのであり，生活問題解決へ向けて地域の共同性がみられたといえる。一方で，障害児のケアでは，地域社会における社会財が機能せず，また新たな社会財がつくられるという方向性も見出せず，地域社会で問題を解決する図式を探し出すことは難しい。なぜ障害児のケアにおいて，地域の共同的解決はみられないのだろうか。

　高野和良（高野 1996）は，1990 年代の高齢者福祉の社会化の議論の高まりの折，社会福祉領域のボランティア活動を活性化するための条件を論じている。高野

は地域住民相互の社会連帯規範が必要であり，さらに「少なくとも地域社会において何が問題であるのかを地域住民自身が認知すること，つまり現状認識の共有が必要である」（高野 1996：124）という。こうした高野の議論に依拠すれば，高齢者福祉と子育て支援において地域の共同的解決がみられた理由は，地域住民が福祉問題として現状を認識したことが大きいといえる。一方，障害児のケアについては，その問題が地域住民に意識化されるに至らず，問題が潜在化しているということであろうか。

　地域住民に問題として共有されず，家族ケアの問題が潜在化する理由については，これまでの障害児の親の研究もヒントを与えてくれている。第 2 章でもとりあげた要田洋江（要田 1999）の研究では，社会において「障害者」と「健全者」の区別があること，そしてその上で「健全者」による「障害者」への差別のしくみがあることが指摘されている。さらに親も障害児と同じく差別される立場におかれるという。障害児のケアにおいて，地域の共同解決の方向性が見出せない理由は，こうして「健全者」と「障害者」の区別が今も厳然としてあり，障害者とその家族が差別される場におかれている現状の反映として説明ができるように思う。高齢期と子ども期のケアは，誰もが通る道として，その支援の必要性は共通認識となっている。しかしながら，障害児のケアについては，特殊な人であり差別される人たちの問題として支援の必要性が認識されていないということではないだろうか。「青い芝の会」に代表されるように障害当事者の自立運動は，地域での生活をめざして展開してきた。こうした地域を基盤にした自立生活運動は，障害者観にも影響し，障害者福祉のめざす方向性を大きく転換させたといえる。事実，障害者福祉においても，建前上は地域福祉が主流の路線なのである。しかしながら，障害者を地域で支える必要性はいまだ私たちの意識に上っていない。

　障害児のケアにおいて地域の共同性がみられない理由として，連帯価値の内容からも検討しておきたい。本章では，高齢者福祉においても子育て支援においても，地域の人々の連帯価値が成立の要件であったことを述べてきた。そしてその連帯価値は，地域の互酬性規範に基づいている部分があり，そうした互

酬性はいずれも世代を超越する互酬性規範であった。高齢者福祉においては，いずれ高齢期が訪れたら，自分自身が誰かの世話になるかもしれないのであり，それならば元気な今のうちに役に立ちたいという互酬性規範である。いわば未来の出来事を見据えた互酬性規範がみられたと考えてよい。一方，子育て支援においては，自分自身の子育て期に世話になったことに基づいており，子育て期を終えた段階において，今度は自分が役に立ちたいという互酬性規範である。この場合は，過去の出来事に基づく互酬性規範として解釈ができる。かつて農村研究では，関係が一方向的である介護は互助ルールになじまない点が指摘されている（相川 2000）。しかしながら，地域福祉の枠組みにおいては，上記のように世代にまたがる互酬性規範を成立させており，連帯価値に基づく地域福祉活動の成立に帰結したといえる。

　一方，障害児のケアに関しては，互酬性規範は成り立ちにくいであろう。これは，やはり障害児のケアが誰でもが経験しない生活課題として位置づけられていることに起因していると考えられる。障害児のケアは，誰でもが経験しない問題としての位座にあることで，連帯価値につながらず，地域の共同的解決に結びつかないのである。互酬性規範に基づく福祉は欧米型の福祉にはみられない日本社会固有の福祉のあり方として評価されてきた。しかし，互酬性規範がなじまない領域で，地域による共同性が成立しないことを私たちはどうとらえたらよいのであろうか。この場合，どのような福祉が構想できるのであろうか。

　障害児のケアは，フェミニストたちが主張してきたように家族（女性）によるケア実践が専従的に行われ，そしてそれが当然視される構造が厳然としてある。障害児のケアは，住民共通の問題ではなく，生活主体にとって問題が顕在化していないということであり，地域社会において生活問題の解決というプロセスはみられない。障害児のケアは，私たちにとって「よそごと」であり続けている。

　注
　1）本節で論じている内容は，後続の第 10 章でもケアに関わる重要な論点として提示している。

2) 以下，とりあげる事例については既に論文として発表したものがあり，それらの引用を含みながら検討する。

3) 筆者が収集した中川福祉村の資料より転載。

4) そうした意味で，地域社会のまとまりや統合化への志向性は学問的関心でもあり，都市社会学では鈴木の他にもコミュニティ意識について議論されていた。

5) JA 助け合い組織は現在も存続しており，2020 年発行の JA 全中の資料によると，238 農協において 536 組織がある。活動の中心は，ミニデイサービスや病院・特別養護老人ホームなどにおける施設ボランティアであり，在宅福祉サービスに限定されていない。(JA 全中 2020)

6) 筆者の研究では，障害の中でも発達障害児を研究対象としている。障害種による現状の異なりも想定できるが，他の障害児家族の先行研究をみても，同様に社会財が機能していない状況であることが推察される。

7) 加えて高齢者福祉と子育て支援の実際の担い手が，女性を中心としていたことは間違いない。この点は，福祉支援者のジェンダー構造の問題である。

第10章

障害児の母親は，なぜ苦境に立たされるのか
——母親を社会的排除においこむからくり——

1　障害児の母親の生活上の困難とその社会的背景について考える

　発達障害児の母親たちは，なぜ生活上の苦境に立たされているのか。最後の章では，その社会的背景について検討を行いたい。

　本書ではこれまで，発達障害児の母親を対象として，その生活実態や支援実態を明らかにしてきた。まずはこれまでの知見のポイントをまとめておこう。第3章，第4章では，母親の生活困難を解明することに主眼をおいた。分析からは，5つの問題群が導き出され，それら問題群の関連性についても明らかにした。図10-1に概念モデル化を再掲する。障害児の母親が持つ困難さは，子どもに障害があることがわかったはじめの段階では，母親自身の生活における困難さ（〈障害児の言動による生活の混乱〉）と，子育てをしていく上での困難さの問題（〈子育てモデルがなく，試行錯誤している状況〉）の2つに大別された。このうち母親自身の生活困難についてはほとんど対応されることはなく，問題はそのままに据え置かれていた。他方，子育てに伴う困難さについては，生じている問題を取り除くための行動を起こすも，思ったような支援を得られない状況（〈支援環境との物理的・心理的距離感〉〈良好ではない周囲との関係性〉）が形成されていた。最終的に自身の生活困難と子育ての問題の2つのルートから心理的に追い込まれていく状況（〈日常的に生じる心理的負担感や葛藤〉）が生み出されている。

　第5章，第6章では，発達障害児の母親に対する支援実態について検討した。フォーマルな支援に関しては，障害当事者に向けた専門支援サービスの拡充に

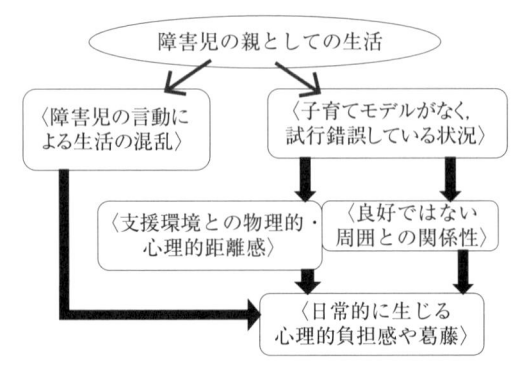

図 10-1　概念モデル化：生活困難における相互の関係性

　対し，その家族に対する専門サービスの量が不足している問題やサービスの質の問題がみられることを示した。インフォーマルな関係における支援については，対人関係の概念であり，心身の健康状態との関連性が立証されてきたソーシャル・サポートからその把握を試みた。分析の結果，母親に対するサポート源となる人の種類が少ないこと，サポートの種類が情緒的なものに偏重していること，さらにサポートを得ている母親が少ないことなどを明らかにした。こうして母親の支援実態については，フォーマルなサービスについても，インフォーマルな関係性から提供されるものについても十分ではなく，脆弱な支援環境におかれていることが示された。

　第7章では，地域における親の会の役割について研究を行った。親の会における活動実践は，親たちが主体的に問題を解決していこうとする実践であった。しかしそれは裏返してみると，自らにふりかかる困難を自ら主体的に処理するしかないリアリティとして浮かび上がった。そのリアリティとは，子育て上の問題を解決しようと，へとへとになるまで東奔西走するが思うような支援を得られず，最後にたどり着く先である親の会で，自分たちで問題の解決をめざすしかない，というものであった。地域の中で有効な支援が見出しにくく，ケアに伴う問題を母親たちが自助的に解決するしか術がない姿である。

　こうして母親の生活上の様々な苦境が浮かび上がってきたが，最後の章では，

このような社会的排除ともとらえ得る状態が，どのような社会的要因により導かれるものなのかを問うこととしたい。生活上の問題が山積し，支援を得られず孤立し，自助的に問題解決を行うしかないという苦境の状況は，どのような社会的要因によるものだろうか。以下では，家族のあり方，日本社会における福祉の仕組み，ケアしている人の特質の3つの観点から，答えをみつけてみたい。

2　肥大化する母親役割
―母親がひとりで責任を引き受け，責めを負う背景―

　障害児のケアは母親が専従的に行っている。第8章で示した量的調査分析では，ケアの主な担い手は，母親が約9割を占めていることがわかった。またどのような場面で生活困難を抱えているかという分析を行った第4章では，ケアラーとしての母親が，一人で苦悩を抱えこんでおり，孤立している実態を指摘した。さらに，これまで実施してきた質的調査分析の場で，筆者は障害児の母親以外の人に出会った人はほとんどいない。調査は，2010年から団体Aの活動の一環として茶話会の中で行ってきた。この茶話会は前述した通り，調査の場であると同時に，親の会の活動の一つにもなっており，子育ての悩みを語り合ったり，情報交換を行ったりする場として，機能している。筆者は，茶話会の運営を行う立場にもあり，毎回出席しているが，その中で父親と会ったことは3人しかないと記憶しており，そのほかの家族メンバーとの出会いもほとんどない。

　こうして専従的にケア役割を担う母親に対し，子どもの問題について，養育上の問題や躾の問題として周囲が責任を求める，ということも，研究を実施していく中でわかったことである。

　　甘やかすからこんなことになるんだ。(中略) とにかくそれを言われるし。
　　逆になんか，やっぱり叱ると，なんか言葉がきついから，子どもが傷つい

て，こうなったんじゃないかって言われるし。[1]

　上記は，筆者の調査時における母親の語りである。これと同様に，子どもの言動や特性に関して，子育て上の問題として母親に帰責する周囲のとらえ方は，調査場面で何度となく聞いてきたし，調査分析の結果としても明らかにしてきた。第4章の質的調査の分析からは，子どもの言動に関し，幼稚園・保育園・学校社会における教員，保護者仲間，友人から，母親が親としての責任を問われることが明らかになった。また第8章の量的調査においても子どもの育て方で責められた経験のある母親は，約6割に上った。[2] 子どもによる言動（それはしばしば問題行動ととらえられる）が，母親の躾の問題や子育ての失敗に基づくものとして，人びとの目に映ることは，発達障害児に限らない。例えば，不登校の子どもや，精神疾患にかかる子どもの場合も，その原因が母親に求められることがあることがわかっている（加藤 2012；南山 2006）。

　母親が子育てやケアの担い手として単独に位置づけられていること，また子どもの問題とされる言動が母親による養育上の問題とされていることがわかる。こうしたことはどのような社会構造に因るものであろうか。本書では，近代家族のあり方にその起源を求めたい。近代家族は，端的には性別役割分業と夫婦間，親子間の愛情関係を内包するものとして説明ができるだろう。産業革命によって雇用労働が一般化したことにより，家族の生活は，公的な領域と私的な領域に分離し，公的領域で有償労働を担うのは夫の役割，私的領域である家族において無償労働を担うのは妻の役割となった。いわゆる「男性は仕事，女性は家事・育児」という性別役割分業の出現である。またロマンティック・ラブ・イデオロギーとして表現される愛・性・結婚が一体化した夫婦関係と，新たな子ども観に基づき愛情により結びつく親子関係も特徴的である。『〈子供〉の誕生—アンシャン・レジーム期の子供と家族生活—』で Philippe Ariès（1960=1980）は，近代という時代になってから，大人とは異なり，無垢で弱く，発達過程にある存在としての子どもの認識が生まれたことを示している。この「子ども時代」への意識の誕生は，同時に家族における子どもへの愛情機能を生じさせた

（Aries 1960=1980）。そして子どもへの愛情機能は，私的領域に配置された女性が担うこととなり，「専業母」（宮坂 1988）として，女性たちは母性愛に基づき育児の役割を果たすようになった。

　このような近代家族の源流は，19 世紀にヨーロッパで広まった産業革命の時期にみられるが，日本社会で近代家族が出現したのは，明治末期から大正期にかけての時期であり，官公吏，教員，軍人などの近代的職業についた新中間層の家族において，家事や育児に専念する妻がみられるようになったと言われている。またその大衆化は戦後の高度経済成長期以降であり，あるべき「普通」の家族として人々の規範として強く根付いていった。実態としては，1970 年代半ばに女性の労働力率がもっとも低くなり，M 字型カーブの底にあたる部分も深くなっていることから，この時期に専業主婦のいる近代家族が多数派となっていることがわかる。

　近代家族の特徴の一つである育児の母親責任について，日本社会では，近代家族が大衆化した高度経済成長期以降に「母性神話」や「三歳児神話」に基づく考え方が広まり，より強調されるようになった経緯がある。第二次大戦後の孤児たちの心身の発達をまとめた John Bowlby（Bowlby 1951=1963 など）の研究成果は，科学的言説でもって母親責任の考え方を定着させる根拠を提出した。また 1979 年に医師である久徳重盛が著した『母原病─母親が原因でふえる子どもの異常─』（久徳 1979）がベストセラーとなったことは，母親責任の広がりを考える上で重要な出来事である。「母原病」とは，字義通り「母親が原因の病気」（久徳 1979：4）として説明されている。また久徳は，ぜんそくや胃潰瘍，言葉の遅れや食欲不振などについて，「いずれも親の育て方の誤りに原因があって，子どもの心身形成・人間形成にひずみができ，その結果，子どもたちに病気や異常があらわれたのもの」（久徳 1979：3-4）と述べている。まさしく，子どもの病気や子どもに生じる問題について，その原因を養育者とされる母親に求めるものとして本書を著したのであった。

　久徳が上記を上梓した 1970 年代は，近代家族が定着し，専業主婦が多数派であった時期と合致する。また，高齢者の介護や育児のケアの担い手を，家族

の中の女性に位置づけた日本型福祉社会論と呼ばれる福祉政策が打ち出された時期とも重なっている。専業主婦が多数派となった実態や福祉政策の意図と一致する中，子どもの養育責任を母親に帰する考え方は，もはや疑う余地のないものとなっていった。

その後，そうした考え方は勢いを失ったようにも思える。母子関係の大切さを強調する Bowlby への反論が相次いで出され，日本政府からは三歳児神話には科学的根拠がないことも発表されている。さらに 1990 年代以降，育児を社会で支えようという社会的機運が強まる。少子化への問題認識が直接の契機ではあるが，国は育児支援政策に着手し，展開してきた。1995 年のエンゼルプラン以降，様々な育児支援政策が示され，公的支援は拡充してきている。また阪神・淡路大震災を契機に市民活動やボランティア活動が広まり定着し，1998 年に特定非営利活動促進法（NPO 法）が施行されたことも相まって，育児支援活動も市民活動の一環として広がっていった。社会で育児を支える環境は，官民ともに広がった感がある。

こうした潮流に乗り，子どもに関する母親責任を問う風向きは変化したのだろうか。答えは否である，としか言いようがない。子育ての社会化が官民ともに進められる中で，専業主婦も射程にいれた支援としての一時保育などは，依然として，その利用に罪悪感が強くみられるという研究が報告されている（松岡・櫻谷 2004）。また山根真理（1990）にならい，「母親の手によるケアが，子どもにとってもっとも望ましい」（井上 2011：126）とする近代的母親規範を扱う井上清美（2013）は，この規範が未だ根強いことを指摘している。井上（2013）は，少子化に伴い登場した子育て支援政策のうち，ファミリー・サポート事業のあずけ手とあずかり手に対する 2000 年代に行った複数の調査から，この点を立証している。中心的な世代が 50～60 歳代であった子どもをあずかる側は，自己アイデンティティと近代的母親規範が同一化する傾向があり，事業の目的と自己アイデンティティの間に葛藤が生じることが指摘されている。また子どもをあずける側は，近代的母親規範の相対化がみられるも，自身のリフレッシュ利用のために，子どもをあずけることは，近代的母親規範から大きく逸脱する

行為として批判的な見方があることを認識しており，あずける状況をためらう場合があることが確認されている。これらのことから近代家族における専業母役割と，日本社会で特に広まった母子関係を重視する向きは，母親自身の規範の内面化も含めて，2000 年代以降も根強く蔓延っているといえる。

　それでも，育児責任は社会に開かれる方向にある程度進みつつある。しかしながら，いったん子どもの問題が表面化すると，そうした社会化の方向は頓挫するというのが筆者の見解である。何かしらの子どもの問題がある場合，再び母親の責任として回収されてしまい，そしてその責任は，母親一人に閉じられ，その役割が増大する。本書で明らかにしてきたような，母親一人が専従的に抱え込むケア役割，そして母親を問責する社会のあり方は，こうした母親責任の状況を示しているのではないだろうか。本書では，こうした状況を「肥大化する母親役割」と呼びたい。近代家族において生成された子育てにおける母親責任は，今もなお厳然として残るが，育児の社会化がめざされてきた少なくとも1990 年代以降は，その責任の分散が進んできた。しかし，病気や障害など子どもの問題が生じると，母親が一人責めを負う状態に舞い戻る。加えて一人で責任を負う体制が強化される。近代家族における専業母の役割は，子どもに問題があると，母親のもとに固定化され，肥大化するのである。筆者の研究は，こうしたケア責任のあり方を示している。そして「肥大化する母親役割」のもとで，母親たちは次のような境地に至る。

　　なんて私たちは駄目な親なんだろうって。常にこう，一生，自分を責めるんだけど。でも，それでもね，わが子の大事な，こんな，しっちゃかめっちゃか，めちゃくちゃなね，わが子でね。腹立ってしょうがないけど。でも大事で大事で。この子が将来，楽しくね，自分の生きたいように生きていってくれればいいなと，私らも必死なんだけど。分かんないね，どうしていいか。[3)]

　これは，団体 A の茶話会の中で，吐露された発言である。膨らむ母親責任

をひとり抱え込み，自責の念にかられ，どうしていいかわからないまま，懸命に生きている母親像がここにある。

3 家族主義が強い日本の福祉の仕組み
―母親に対する支援が乏しい背景―

　発達障害児の母親は，支援環境に恵まれていない。フォーマルなサービスも，インフォーマルな関係性についても，支援してくれる環境体制は整っていない。その中で，親の会における仲間のみが，互助的に支え合う環境となっていた。

　　オッケーな気がする。ちょっと見えてきた。ありがとうございます。すいません。うちの作戦ありがとうございます。知恵を貸していただいて。[4]

　この語りは，中学生の子どもに体を触れられることに悩んでいた母親が，団体Aの茶話会で相談し，そしてその解決策を他の母親たちから提示されたときのものである。専門機関にも相談しており，思うような解決策が見出せずにいたが，ようやく少し光がみえた，というような瞬間であった。このような場面を少なからず筆者はみてきた。すなわち親の会でようやく，ほっとしたり，何か解決策を見出したりする場面である。親の会が最後にいきつく「頼みの綱」であり，他の支援に恵まれていないことは間違いがないだろう。

　さて，このような支援の僅少性については，日本社会に内在する福祉の仕組みから解釈をしてみたい。Gøsta Esping-Andersen は，欧米の福祉的課題の対応に関し，公的福祉のみで議論してきた福祉国家論を批判する立場から，「福祉が生産され，それが国家，市場，家族のあいだに配分される総合的なあり方」（Esping-Andersen 1999＝2000：64）である福祉レジームという概念を提起する。社会的リスクを管理する際，異なる原理を有する3つの担い手が，どのように配分されるかは，国や社会によって異なる（Esping-Andersen 1999＝2000：64-5）。また資本主義社会になってから人々の労働力は商品化されたが，社会権が導入

されると，労働力は純粋な商品という性格を薄めると同時に社会サービスが人々の権利とみなされ，一人の人間が市場に依存することなくその生活を維持できるようになり，労働力の「脱商品化」が生じる（Esping-Andersen 1990=2001：23）。Esping-Andersen にとっては，この「脱商品化」が重要な概念であり，かつ目指される方向として示される。加えて，「福祉や介護に関する家族の責任を，福祉国家または市場の働きを通じて，どの程度まで緩和できるか」（Esping-Andersen 1999=2000：86）を考える「脱家族化」も Esping-Andersen がめざすもう一つの方向性である。表 10-1 は福祉レジームについて，3 つの福祉の担い手の役割の強度や，脱商品化の程度などによって，「自由主義レジーム」，「社会民主主義レジーム」，「保守主義レジーム」の 3 つのレジームに類型化したものである。

　さて，日本の福祉レジームについて，Esping-Andersen は，上記の 3 類型におさまりきらない雑種のものだと位置づけている。一方で次のような指摘もしている。

　　公的な社会サービスは，高齢者向けであれ，児童向けであれ，周辺的なものにとどまっている。それは，家族が実際の責任を負わなければならな

表 10-1　福祉レジームの特徴

	自由主義	社会民主主義	保守主義
役　　割			
家族の―	周辺的	周辺的	中心的
市場の―	中心的	周辺的	周辺的
国家の―	周辺的	中心的	補完的
福祉国家			
連帯の支配的様式	個人的	普遍的	血縁，コーポラティズム，国家主義
連帯の支配的所在	市場	国家	家族
脱商品化の程度	最小限	最大限	高度（稼得者にとって）
典　型　例	アメリカ	スウェーデン	ドイツ・イタリア

出所）Esping-Andersen, Gosta 1999=2000：129

いということが制度的に想定されているからである。（Esping-Andersen 1999=2000：136-7）

　Esping-Andersen は，日本社会の福祉レジームについて，いずれかの類型に明確にあてはめてはいないものの，家族が極めて中心的な役割を担っていることについては論じており，彼が問題視している傾向と合致していることを示している。

　生活保障システムとして福祉の仕組みの説明を試みた大沢真理の議論も，日本社会における福祉のあり方を理解するうえで有用である（大沢 2007）。大沢は，Esping-Andersen の議論において，ジェンダーの視点が欠けている点や福祉の[5]担い手として社会的経済やサードセクターが含まれていないという批判があることを前提として，福祉レジーム論を批判発展的に論じた。大沢は，生活が持続的に保障され社会参加の機会が確保されるために存在している，家族や企業によるミクロレベルの制度や慣行，コミュニティや共同組織，地方政府独自のメゾレベルの制度や慣行，中央政府が設けるマクロレベルの制度や慣行の全体を，生活保障システムとして説明する（大沢 2007：7）。またその類型としては，「男性稼ぎ主（male breadwinner）」型，「両立支援（work/life balance）」型，「市場志向（market oriented）」型の3つがあげられている。大沢は，「男性稼ぎ主」型の典型社会の一つとして日本をあげる。この類型では，壮年男性に対して安定的な雇用と妻子を扶養できる「家族賃金」が保障できるよう労働市場が規制されている。男性の稼得力喪失というリスクに対応した社会保険制度があり，妻子は世帯主に付随して保障される。家庭責任は妻がフルタイムで担い，それを支援するケアのサービスは例外的に提供される。

　日本の生活保障システムは，このような「男性稼ぎ主」型にあてはまるが，1980 年代に実施された「日本型福祉社会」政策は，国民年金第三号被保険者制度の創設，配偶者特別控除という税制の設計などを含んでおり，この類型を強化したとされる。国家ではなく家族における女性メンバーが，福祉の担い手として強調され，特に女性が，家事・育児，夫の世話，老人の介護などを担い，

パート就労で家計の補助的な稼得役割を担う場合に，税制や年金制度上の優遇措置を通して福祉が供給された（大沢 2007：59-67）。その後，2000 年の介護保険制度の導入は，家族が無償で担ってきた介護を社会化した点で，「脱家族化」したとみることもできる（大沢 2007：88）。一方で，子育てに関しては，少子化に端を発した子育て支援政策の拡充がありつつも，家族の責任は依然として強い傾向が続き，「男性稼ぎ主」型からの脱却はみられないというのが，大沢の見立てである（大沢 2007）。

　こうして社会の福祉の仕組みを論じた Esping-Andersen と大沢は，日本社会における福祉課題に対応するアクターとして，家族の役割が非常に強いことを共通して論じている。さらに，日本の福祉制度改革において，より家族の責任が強化され，家族メンバーにおける女性によるケア負担が制度化されたことが，大沢により指摘されている。高齢者介護よりも，子育てや育児において，その傾向が顕著に続いているのである。

　発達障害児の母親たちが，支援に恵まれていないことは，日本社会における福祉の仕組みが，特に育児領域で母親のケアを前提とした構造になっていることにその所以があるのではないか。育児の責任を引き受ける福祉の制度的担い手が家族であり，その主な引き受け手として母親が位置づけられている限り，母親に対する支援体制を整える必要もないということであろうか。公的な支援制度もほとんどなく，インフォーマルな関係性においても，手を差し伸べてくれる人が少ないことは，社会の福祉の仕組みに母親責任が組み込まれていることが，関係しているといえる。

4　透明な自己というケアラーの特徴
―母親自身の多重な生活困難が潜在化する背景―

　第 3 章では，発達障害児の母親たちがケアを専従的に担い，その結果，仕事の問題や生活時間が乱れたりするなど，様々に自分自身の生活上の問題もが生起していることがわかった。さらに，子どもの問題解決ばかりがめざされ，自

分自身の問題については解決を求めずにいるために，母親の問題は潜在化することも明らかになった。

このことについては，「ケアの倫理（ethic of care）」の議論の延長線上での解釈が可能ではないかと考えている。「ケアの倫理」の出発点は，発達心理学者である Carol Gilligan が 1982 年に著した『もう一つの声で』にある（Gilligan：1982=2022）[6]。Gilligan の議論は，本質主義との批判もある[7]が，やはり「母性の自然主義とは全く異なる」（Brugère 2011, 2013=2014：27）という見方が妥当であろう。その根拠は，男性のみを無自覚に行為主体と考えていた男性中心主義的な正義論や政治理論を問題視し，新たに女性の立場から道徳をとらえなおした点にある。Gilligan の『もう一つの声で』（1982=2022）では，従来の発達心理学が男性研究者による男性を対象とした男性中心主義の研究であったことが指摘され，その上で女性の経験に基づく新しい道徳観が提示されている。従来の道徳観で示されるのは，他者との「分離を通して定義される自己」であり，「卓越という抽象的な理想に照らして図られる自己」であるのに対し，Gilligan は，「つながりを通して定義される自己」であり，「ケアという具体的な活動を通して評価される自己」を，女性の経験に基づく新たな道徳観として示した（Gilligan 1982=2022：118）。この新たな観念の提示には，従来の「道徳の基盤それ自体を問題とし，他者を心配することに根ざしている実践，その多くは女性によって実現されてきたがゆえに過小評価されてきた実践を明るみにしよう」（Brugère 2011, 2013=2014：28）という含意があったとみてよい。こうして「ケアの倫理」は，他者への関心や責任，配慮によりケア行為がなされていること，そして主に女性たちにおいて他者とのつながりの中で行われるケア行為の実践があったこと，さらにそうした女性たちの道徳観やケアの実態が隠され，潜在化してきたことを照射した[8]。

この「ケアの倫理」は，ケアを担うことにより女性が不平等な立場におかれることを問題視する様々な研究の起点となった。まずは，従来の正義論やリベラリズム論が，公私二元論に基づき私的領域にみられる不平等を不問に付してきた点を批判する研究がある。この中で，私的領域におかれる女性の問題を俎

上に載せた政治学者 Susan Okin（1989=2013）の議論には注目すべき点が多い。Okin は，これまでの正義理論が，「『私的』家庭生活と，『公的』な政治・市場の生活とは，異なる原理のもとに貫かれた別の領域であるとして，両者を明確に区別してきた」（Okin 1989=2013：9）こと，また「女性を市民的・政治的生活から排除することの妥当性を女性の本質と結びつけて論じてきた」（Okin 1989=2013：9）ことを痛烈に批判している。ここでは性別役割分業に基づいて女性が家庭での役割を遂行していること，それにより女性の経済的依存や機会の制約などが引き起こされていることが，私的な領域のこととして不可視化されていることを問題とした点に重要なポイントがある。また政治理論家の Carole Pateman（1989=2014）も，公私二元論のもとに，女性にふさわしい領域は家族生活とされ，かつその内部において女性は男性に支配されてきたこと，また形式的に平等な市民として相互交流が行われるシティズンシップの公的世界は男性の領域であるがゆえに，そこから女性たちは排除されがちであった問題を論じている。この二者は共通して，公私二元論を通して女性にもたらされる不正義への警鐘を鳴らした。

　またケアの必要性に応答しケアを担うことによって不平等が生み出されることも問題提起された。この議論の代表格はフェミニズム法学者の Martha Fineman（1995=2003；2004=2009）と哲学者である Eva Kittay（1999=2010）であり，両者ともケアの必要な状態について「依存」という概念を用いながら，この問題を論じている。Fineman は，人が子どもであったり，年をとったり，病気になったり，障害がある場合があったりすることを示しながら，誰にでもケアが必要な状況が訪れると述べ，そのことを「必然的な依存」と呼ぶ。またケアの担い手は，「正式に認められた異性愛による夫婦の絆を核とした単位」（Fineman 1995=2003：153）である性的家族（sexual family）において，妻，母，娘，嫁，姉妹といった女性たちに割りふられており，ジェンダー化された配置になっているという。さらに「ケアの責任を引き受けるというまさにそのプロセスが彼女たち自身の中に依存の構造をつくり出す」（Fineman 1995=2003：182）と論じる。つまりケアを提供することにより，夫に経済的に依存するなど「自分自身も人

や社会的資源に頼らざるをえなくなる」(Fineman 2004=2009：29) 状況が生み出される。こうしてケアを引き受けることによって，ケアを行う人自身が依存する状態は，「二次的な依存」と名づけられている。Fineman は，必然的に生じるケアへのニーズに女性たちが応答していること，また女性たちがケアのニーズに応答することにより，他者や制度に頼らざるを得ない状況が生じることを指摘している。

　Kittay も「依存は個人のライフヒストリーにおいて避けることができない」(Kittay 1999=2010：81) といい，Fineman と同様，ケアが必要な状態は人にとって不可避のことであるととらえている[10]。そして依存状態に対するケア責任を引き受けてきたのは女性であり，「その労働は家族の義務として，他のどんな責任にも勝るものと考えられ」(Kittay 1999=2010：81)，一方の男性はケアの責任をほとんど共有してこなかった (Kittay 1999=2010：81) と述べる。こうして女性のみが家族の責任としてケア行為を引き受けてきたことを問題視している。また依存労働者[11]自身が，依存状態に陥るという「二次的依存」の問題も Fineman と同じく提示している。Kittay のいう「二次的依存」は，そのほとんどが女性である依存労働者が，家族内の稼ぎ手としての男性に経済的に依存していることによって引き起こされる。稼ぎ手が自律的な個人である一方で，依存労働者は自律的な個人足りえず，そのため職場や公的空間などの公的領域に参加することが困難になっている。そして経済的依存の状態は，同時に「精神的・政治的・社会的依存と弱体化を引き起こす」(Kittay 1999=2010：102) ことになる。こうして Kittay は，ケアの責任を引き受けるのは女性であり，その責任を引き受けることにより，脆弱な立場となりやすく，不平等な立場におかれていることを示している。Fineman (1995＝2003；2004=2009) と Kittay (1999=2010) の議論からは，人にとって必然であるケアのニーズに応答してきた女性たちが，弱く，不平等な立場におかれていることの問題が導き出されたといえる。

　「ケアの倫理」に端を発する議論を総括すると，ケアの必要な状態が人生において必然であること，ケアのニーズを私的領域における役割として女性たちが引き受けてきたこと，さらに女性たちがケアを引き受けることで脆弱で不平

等な立場におかれてきたこと，加えてそうしたことが従来の学問的視座においては閑却されてきたことが明らかにされたといえる。筆者が向き合ってきた発達障害児の母親が，ケアのニーズに専従的に応答し，またケアのニーズに応答したことで，様々な不利益な立場におかれ，様々な生活上の困難に見舞われてきたことは，これらの理論と合致する。

　では母親たちが，自分自身に生起する生活上の困難について，自ら解決を求めなかったことについては，どのような理論的解釈が可能なのだろうか。これには上記でとりあげた Kittay（Kittay 1999=2010）の「透明な自己」というアイディアが役立つように考えている。Kittay は，依存労働の特質の一つを以下のように説明する。

　　　依存労働では，自己を他者の欲求に順応させることが求められる。つまり，他者のニーズを満たすために自分自身のニーズを後回しにするか括弧に入れるような自己が求められる。（Kittay 1999=2010：126）

　ケアを担っている人は，ケアが必要な人のニーズを優先してしまうがゆえに，自分自身のニーズについては問題を棚上げにし，ニーズの充足を後回しにしてしまうという特質である。この特質は言い換えれば，「自己を通じて他者のニーズに気づき，自分自身のニーズを読み取ろうとするときには，まずは他者のニーズを考えてしまうような自己」（Kittay 1999=2010：126）の状態とされ，「透明な自己」と名づけられている。発達障害児の母親たちが，自分のニーズを捨て置き，子どもたちのニーズを優先していることは，まさしく「透明な自己」という依存労働者の特質によるものと言っていい。次の Kittay の文章は，「透明な自己」の具体的イメージを抱かせてくれる。

　　　おなかをすかせ，病気になり，何かに脅え，夜中に目を覚ます子どもは，ケア提供者に，自分を気に掛けてほしいと訴えている。ケア提供者が，たとえ疲れ果てて起きたくなかったとしても，そんなことはお構いなしに，

である。(中略)依存労働者のニーズよりも依存者のニーズを優先させるべきという直観がはたらくことを簡単に指摘しておきたい。(Kittay 1999=2010：129)

　第3章で示したように，発達障害児の母親たちには，仕事を辞めざるを得ない状況，子どもから暴力をふるわれる状況，昼夜逆転の生活を送る状況，心身の不調を来す状況など様々な問題が降りかかっていた。しかしながら母親たちは，子どもの問題解決に向けてのみ行動しており，自分自身の問題解決を求める状況は見出されなかった。このことは，ケアを引き受ける人の特質である「透明な自己」そのものではないだろうか。

5　結語—社会的包摂へ向けて—

　本章では，発達障害児の母親が苦境に立たされ，社会的排除ともいえるような状態におかれていることに対し，その社会的要因について理論的検証を試みた。

　第1に母親が排他的に子どものケア責任を担い，子どもの言動について責めを負っている要因については，日本社会における家族のあり方から解釈を試みた。特に近代家族における専業母の役割が，育児の社会化とともに社会に分散されつつある中，子どもに問題が生じた場合には，母親に責任が舞い戻り，その責任が増幅することを指摘した。本書では，そうして母親一人が責任を過剰に引き受ける様について，「肥大化する母親役割」と名づけた。

　第2に，母親に対するフォーマルな支援，インフォーマルな支援ともにほとんど見られない状況については，日本社会における福祉の仕組みから解釈を行った。日本の育児に関する福祉の枠組みにおいて厳然とした家族主義が組み敷かれ，特に家族メンバーの中でも母親の役割期待が大きいことを指摘した。福祉課題を解決するアクターとして，家族の中の母親が位置づけられているのだから，そもそも支援の必要性については想定外ということであろう。

　第3に，母親自身の生活上の困難があること，加えてその困難が潜在化しが

ちであり，表沙汰となっていない問題については，「ケアの倫理」に基づく議論を援用し，ケアをしている人の特質から解釈を試みた。具体的には，ケアにより女性がおかれている不平等な立場と，透明な自己というケアラーの特徴から解釈を行った。必然的に生じるケアに応答している女性は，そのケアに応じているがゆえに，平等な立場にたつことができず，様々な不利益を被る。またケアのニーズに応答しているがゆえに，自分のニーズが後景化する「透明な自己」という状態が形成されている。

　このように日本社会の家族のあり方，日本社会の福祉の仕組み，ケアに応じる人の特色から，母親には社会的排除の状態が生み出されているといえる。さて，この状態から脱却し，母親たちが社会的に包摂されるためには，どのような方向性が考えられるだろうか。この点についても，Kittay（1999=2010）を参照し，彼女が提案する「ドゥーリア」概念に触れておきたい。Kittay は，「ドゥーリア」概念の構想にあたり「ドゥーラ」というものを参照する。「ドゥーラ」とは，「分娩後の母親を援助するケア提供者のことであり」，「母親に代わって赤ん坊の面倒をみる昔の『乳母』とはちがって，（中略）母親が子どもの世話をしているときに，その母親をケアすることによって手助けをする」（Kittay 1999=2010：243）者のことを指す。この「ドゥーラ」に着想を得て，Kittay は，ケアを行う人たちを支える仕組みの必要性を訴え，「ドゥーリア」概念を次のように構想した。

　　　ドゥーラによって遂行されるサービスという考え方を拡大して，困っている人々の面倒をみているおかげで貧困化する人々もまたケアされうるよう，ドゥーリアという用語を用いることにしよう。（Kittay 1999=2010：244）

そして「ドゥーリア」は，次のような仕組みで説明される。

　　　ケア提供者は，依存者のケアに責任を負う。そこで社会は，ケア提供者の福祉に注意を払う方法を探すのだ。それによって，ケア提供者の労働と

彼女たちが向ける関心とが搾取されることなく，ケア提供者が依存者への責任を果たすことが可能になる。これが公的なドゥーリアの構想である。（Kittay 1999=2010：245）

　ケアが必要な人に応答して，ケア提供者がケアを担い，そしてケア提供者を社会が支えるという社会的支援の入れ子状の仕組みが，Kittay が構想した「ドゥーリア」である。ケアを担う人たちが，社会的不利益を被らず，社会的排除の状態におかれることなく，まっとうに社会生活を送ることのできる社会的支援の理念型として示されたものといえる。

　ただし Kittay は，この理念型をどのように具体化するかは述べていない。ケアをしている人を支えるための「ドゥーリア」を実現するために，どのような社会的支援が考えられるだろうか。まだ構想の段階であるが，最後に筆者が考える 3 つの具体化の方向性を述べて本書を終えたい。

　第 1 に，学問領域を超えた連帯の上に成り立つ「ドゥーリア」があげられる。本研究の対象である発達障害児の母親ケアラーを支援対象とする場合，社会学，行政学，教育学，心理学，社会福祉学，医学，看護学，工学などの学際的研究による連帯が想定できる。第 2 に専門職の連帯の上に成り立つ「ドゥーリア」が想定される。従来の縦割り行政の問題などを乗り越え，研究者，医師，看護師，心理士，パラメディカル，教員，行政職，社会福祉士などの連帯が検討できる。第 3 に住民参加の連帯によって成り立つ「ドゥーリア」が構想できる。ここでは，人々の暮らしの単位である地域社会での連帯が有効であると考えられ，市民，サードセクター（NPO・支援団体），地域組織（こども会・PTA・自治会），行政組織，学校組織，福祉専門機関の連帯が考えられる。

　人生において不可避であるケアの状態を支える人たちは，社会的に不利な状況におかれ，様々な苦しみの中で社会的排除の状態におかれている。本書では最後に発達障害児の母親の苦境を生み出している社会的要因について理論的に検討した。またそうした苦境から脱却するため，Kittay が構想した「ドゥーリア」は，ケアをしている人を社会で支える仕組みとして極めて有用な概念と

して示した。だだしその具体化はまだ検討されていない。ケアを担っている家族を支える実際的な仕組みを考え，その具体化へ向けての努力を社会全体で積み重ねていかねばならない。

注

1) 2014 年 9 月 22 日　グループインタビュー調査時における発言。
2) 第 8 章でも述べたように，これに関しては，発達障害について障害と認知されにくい部分があり，他の障害とは異なることが影響しているともいえる。前掲の通り，児童精神医学者の根來秀樹は，学校現場において，発達障害児の言動や特性が，子どもの問題行動に誤認されることがあることを示している（根來 2011）。そして，筆者の調査に基づくと，そうした子どもの問題行動（という誤認）は，母親の躾の問題にすりかえられることとなる。
3) 2017 年 9 月 4 日　グループインタビュー調査時における発言。
4) 2022 年 9 月 25 日　グループインタビュー調査時における発言。
5) Esping-Andersen 自身も，当初の著作（Esping-Andersen 1990=2001）において「国家と市場との結びつきだけに焦点を当て，標準的な男性の生産労働者を軸に組み立てられたあまりにも一面的な類型論だと批判された」（Esping-Andersen 1999=2000：115）と述懐している。
6) 2022 年の新訳版では，前置詞 in の訳し加えがなされており，以前のメインタイトル『もう一つの声』から『もう一つの声で』に変更されている（Gilligan 1982=2022：426）。
7) 上野千鶴子（2002=2015）は，「ジェンダーの社会化過程や『女性文化』の中で形成され受け継がれる『女性性』を，今度はおとしめるかわりに賞賛する」立場を文化本質主義と名付けており，女性の感情や道徳意識が男性とは異なり，「自然や生命への共感という点で男性よりも『すぐれて』いる」（上野 2002=2015：14）とする Gilligan をこの立場の代表格としている。
8) ただ Gilligan の議論において，ケアが自己犠牲ではないことを示すために，ケアの倫理が自己への配慮を伴うものである，とした点には疑問が残る。
9) この家族は「自然な」形態とみなされ，法的に特権が与えられ保護されてきた（Fineman 1995=2003：153-4）
10) ただし，依存のとらえ方は異なっており，Fineman が依存を生物としての特性に基礎づけているのに対し，Kittay は依存を生物学的な結果であるだけでなく，社会的環境の中で生活をする結果であると述べている。
11) Kittay はケアを行う人のことを依存労働者と呼んでいる。

引用参考文献・参考資料

相川良彦, 2000, 『農村にみる高齢者介護——在宅介護の実態と地域福祉の展開』川島書店.

American Psychiatric Association, 2022, *Desk Reference to the Diagnostic Criteria from DSM-5-TR*, American Psychiatric Publishing.（日本精神神経学会日本語版用語監修, 髙橋三郎・大野裕監訳, 2023, 『DSM-5-TR 精神疾患の分類と診断の手引』医学書院.）

Ariès, Philippe, 1960, *L'enfant et la vie familiale sous l'ancien regime*, Editions du Seuil.（杉山光信・杉山恵美子訳, 1980, 『〈子供〉の誕生—アンシャン・レジーム期の子供と家族生活—』みすず書房.）

Bowlby, John, 1951, *Maternal care and mental health*, World Health Organizations.（黒田実郎訳, 1963, 『乳幼児の精神衛生』岩崎学術出版.）

Brugère, Fabienne, 2011, 2013, *L'éthique du《care》*, Presses Universitaires de France.（原山哲・山下りえ子訳, 2014, 『ケアの倫理—ネオリベラリズムへの反論—』白水社.）

Caplan, Gerald, 1974, *Support Systems and Community Mental Health*, Behavioral Publications.（近藤喬一他訳, 1979, 『地域ぐるみの精神衛生』星和書店.）

Cassel, John, 1974, "Psychosocial processes and "stress": theoretical formulation", *International Journal of Health Services*, 4(3)：471-82.

Esping-Andersen, Gøsta, 1990, *The Three Worlds of Welfare Capitalism*, Polity Press.（岡澤憲芙・宮本太郎監訳, 2001, 『福祉資本主義の三つの世界——比較福祉国家の理論と動態』ミネルヴァ書房.）

————, 1999, *Social Foundations of Postindustrial Economies*, Oxford University Press.（渡辺雅男・渡辺景子訳, 2000, 『ポスト工業経済の社会的基礎——市場・福祉国家・家族の政治経済学』桜井書店.）

Fineman, Martha A., 1995, *The Neutered Mother, The Sexual Family and Other Twentieth Century Tragedies*, Routledge.（上野千鶴子監訳, 穐田信子・速水葉子訳, 2013, 『家族, 積みすぎた方舟——ポスト平等主義のフェミニズム法理論—』学陽書房.）

————, 2004, *The Autonomy Myth: A Theory of Dependency*, New Press.（穐田信子・速水葉子訳, 2009, 『ケアの絆——自律神話を超えて』岩波書店.）

藤原里佐, 2006, 『重度障害児家族の生活—ケアする母親とジェンダー——重度障害児の母親の生活分析を通して』明石書店.

古川（笠井）恵美・内藤孝子・松嶋紀子，2009，「LD 等の発達障害のある高校生をもつ保護者の心配」『川崎医療福祉学会誌』19(1)：47-58.

冬木春子，2000，「乳幼児をもつ母親の育児ストレスとその関連要因，母親の属性及びソーシャルサポートとの関連において」『現代の社会病理』15：39-56.

Gilligan, Carol, 1982, *In a Different Voice: Psychological Theory and womens' development*, Cambridge.（川本隆史・山辺恵理子・米典子訳，2022，『もうひとつの声で——心理学の理論とケアの倫理』風行社.）

後藤澄江，2012，『ケア労働の配分と協働——高齢者介護と育児の福祉社会学』東京大学出版会.

後藤吉彦，2010，「テーマ別研究動向〈障害の社会学〉」『社会学評論』61(1)：79-89.

芳賀彰子・久保千春，2008，「小児・思春期を対象とする心身医療専門外来の現況，地域のニーズに沿う心身医療の提供とその限界について」『心身医学』48(10)：867-76.

久田満，1987，「ソーシャル サポート研究の動向と今後の課題」『看護研究』20：170-9.

久徳重盛，1979，『母原病—母親が原因でふえる子どもの異常—』教育研究社.

堀智久，2007，「障害の原因究明から親・子どもの日常生活に立脚した運動へ——先天性四肢障害児父母の会の 1970/80 年代」『社会学評論』58(1)：57-75.

House, James S., Landis Karl R. and Debra Umberson, 1988, "Social Relationship and Health", *Science, New Series*, 241(4865)：540-5.

稲葉昭英・浦光博・南隆男，1987，「ソーシャル・サポート研究の現状と課題」『哲學』85：109-49.

稲葉昭英，2007，「ソーシャル・サポート，ケア，社会関係資本」『福祉社会学研究』2007(4)：61-76.

井上清美，2011，「近代的母親規範をめぐる「専業母」の葛藤とその対処方法——ファミリー・サポート事業における相互行為を事例として—」『家族関係学』30：125-37.

————，2013，『現代日本の母親規範と自己アイデンティティ』風間書房.

井上信次，2005，「専門知の生産と再生産——AD／HD 親の会を事例として」『ソシオロジ』50(1)：69-85.

石川准，1995，「障害児の親と新しい『親性』の誕生」井上眞理子・大村英昭編『ファミリズムの発見』世界思想社：25-59.

JA 全中，2020，『JA ファクトブック 2020』ウェブ版（2020 年 10 月 1 日取得，https://org.ja-group.jp/pdf/jafactbook/jafactbook_2020.pdf）.

金川めぐみ・東根ちよ，2011，「住民参加型在宅福祉サービス研究の現状と課題——先行研究の整理と検討による考察」『経済理論』364：1-21.

春日キスヨ，2001[2015]，『介護問題の社会学［岩波オンデマンドブックス］』岩波

書店.

加藤美帆, 2012, 『不登校のポリティクス―社会統制と国家・学校・家族―』勁草書房.

北川憲明・七木田敦・今塩屋隼男, 1995, 「障害幼児を育てる母親へのソーシャルサポートの影響」『特殊教育学研究』33(1)：35-44.

北川太一, 1999, 「介護保険制度の導入と農協の高齢者福祉活動」『農業と経済』65(13)：49-56.

Kittay, Eva Feder, 1999, *Love's Labor: Essays on Women, Equality, and Dependency*, Routledge.（岡野八代・牟田和恵監訳, 2010, 『愛の労働あるいは依存とケアの正義論』白澤社.）

キテイ, エヴァ, F., 2011, 「ケアの倫理から, グローバルな正義へ――2010 年 11 月来日講演録」エヴァ F. キテイ・岡野八代・牟田和恵著, 牟田和恵・岡野八代訳『ケアの倫理からはじめる正義論支え合う平等』白澤社.

小柳宜子, 2000, 「「地域型相互扶助事業」における都市的生活構造への影響――「住民参加型在宅福祉サービス団体」を事例として」『日本家政学会誌』51(6)：465-72.

古谷野亘, 2004, 「社会老年学における QOL 研究の現状と課題」『保健医療科学』53(3)：204-8.

久保紘章, 1975, 「自閉症児をもつ母親の「大変さ」について――母親の生活時間調査と面接から」『四国学院大学論集 四国学院大学創立 25 周年記念論文集』505-30.

――――, 1984 「自閉症青年をもつ母親の生活と意識――香川県における 10 年目の追跡調査」『四国学院大学論集』58：139-170.

――――, 1994 「香川県における自閉症成人をもつ母親の追跡調査」『人文学報（社会福祉学）』10：199-235.

倉沢進, 1968, 『日本の都市社会』福村出版.

――――, 1977, 「都市的生活様式論序説」磯村英一編『現代都市の社会学』鹿島出版会, 19-29.

草野知美・津島ひろ江, 2021, 「自閉スペクトラム症のある子どもへの母親による特性・診断名告知過程」『日本小児看護学会誌』30：43-51.

牧野カツコ, 1982, 「乳幼児をもつ母親の生活〈育児不安〉」『家庭教育研究所紀要』3：34-56.

益田仁, 2022, 「学校からの排除と地域の場――マチにできた親子の集い場「ちゃちゃルーム」」日本社会分析学会監修, 室井研二・山下亜紀子編『シリーズ生活構造の社会学 2 社会の変容と暮らしの再生』学文社, 23-42.

松田茂樹, 2001, 「育児ネットワークの構造と母親の Well-Being」『社会学評論』52(1)：33-49.

松渕聡子・柴田健, 2006, 「軽度発達障害の子どもを持つ親の子育て語り――親の会を対象にした支援モデル作成の試み」『弘前大学大学院教育学研究科心理臨床相談

室紀要』3：13-20.

松岡知子・櫻谷眞理子，2004，「保育所における一時保育を利用した母親の意識調査」『立命館人間科学研究』7：13-24.

三重野卓，2013，「生活の質」概念の再構築へ向けて——その現代的意義」『応用社会学研究』55：175-82.

南山浩二，2006，『精神障害者——家族の相互関係とストレス—』ミネルヴァ書房.

峰島里奈，2008，「児童期・青年期に死別経験をした青年の悲哀過程——悲哀の課題とソーシャルサポートとの関わりについて」『社会福祉学』49(1)：46-59.

三浦典子，1986，「解説　日本の社会学　生活構造」三浦典子・森岡清志・佐々木衛編『リーディングス日本の社会学5　生活構造』東京大学出版会：3-13.

宮坂靖子，1988，「専業母」金井淑子編『ワードマップ家族』新曜社：64-9.

森岡清志，1984，「都市的生活構造」『現代社会学』18：78-102.

————，1986，「第4部　社会参加と生活様式　解説」三浦典子・森岡清志・佐々木衛編『リーディングス日本の社会学5　生活構造』東京大学出版会：207-9.

森口香・岩満優美・山本賢司，・金生由紀子・中村賢・井上勝夫・宮岡等，2008，「広汎性発達障害の子どもをもつ母親のソーシャルサポートの検討」『ストレス科学』23(1)：104-14.

森川美絵・中村裕美・森山葉子・白岩健，2018，「社会的ケア関連QOL尺度 the Adult Social Care Outcomes Toolkit（ASCOT）の日本語翻訳——言語的妥当性の検討」『保健医療科学』67(3)：313-21.

室井研二，2022，「イントロダクション——生活構造論の現在」日本社会分析学会監修，室井研二・山下亜紀子編『シリーズ生活構造の社会学2　社会の変容と暮らしの再生』学文社：1-19.

中根成寿，2002，「「障害をもつ子の親」という視座——家族支援はいかにして成立するか」『立命館産業社会論集』38(1)：139-64.

————，2006，『知的障害者家族の臨床社会学——社会と家族でケアを分有するために』明石書店.

直井道子，1998，「Ⅳ福祉社会の家族と高齢者介護」青井和夫・高橋徹・庄司興吉編『福祉社会の家族と共同意識——21世紀の市民社会と共同性：実践への指針』梓出版社，118-34.

夏堀摂，2011，「1950年代における知的障害児の母親モデルの形成」『家族社会学研究』23(1)：77-88.

根來秀樹，2011，「社会精神医学からみた発達障害——発達障害臨床から望む社会精神医学的アプローチ」『日本社会精神医学会雑誌』20(4)：331-6.

野上文夫，1995，『高齢者福祉政策と実践の展開——地域ネットワークの視点から』中央法規出版.

岡野八代，2012，『フェミニズムの政治学——ケアの倫理をグローバル社会へ』みす

ず書房.

――――, 2020,「第2章　民主主義の再生とケアの倫理：ジョアン・トロントの歩み」, Tronto, Joan C. 著, 岡原八代訳・著『ケアするのは誰か？―新しい民主主義のかたちへ―』白澤社, 83-124.)

岡原正幸, 1990[2012],「制度としての愛情――脱家族とは」安積純子・岡原正幸・尾中文哉・立岩真也『生の技法――家と施設を出て暮らす障害者の社会学［第3版］』生活書院, 119-57.

岡村重夫, 1974,『地域福祉論』光生館.

Okin, Susan Moller, 1989, *Justice, Gneder, and the Family*, Basic Books.（山根純佳・内藤準・久保田裕之訳, 2013,『正義・ジェンダー・家族』岩波書店.)

大沢真理, 2007,『現代日本の生活保障システム――座標とゆくえ』岩波書店.

太田顕子, 2010,「発達障害のある幼児児童を育てる母親のソーシャルサポートに対する認識――家族, 仲間及び専門機関からの支援に注目して」『幼年児童教育研究』22：35-44.

Pateman, Carole, 1989, *The Disorder of Women: Democracy, Feminism, and Political Theory*, Stanford University Press.（山田竜作訳, 2014,『秩序を乱す女たち？――政治理論とフェミニズム』法政大学出版局.）

Personal Social Services Research Unit（University of Kent), 2018, Personal Social Services Research Unit ホームページ,（2021 年 3 月 1 日取得, https://www.pssru.ac.uk/ascot/).

Raina, O'Donnell P., Maureen O'Donnell, Heidi Schwellnus, Peter Rosenbaum, Gillian King, Jamie Brehaut, Dianne Russell, Marilyn Swinton, Susanne King, Micheline Wong, Stephen D Walter and Ellen Wood, 2004 ,"Caregiving　process and caregiver burden: conceptual models to guide research & practice", *BMC pediatrics*, 1：1-13,

Rand, Stacey E., Juliette N. Malley, Ann P. Netten & Julien E. Forder , 2015, "Factor structure and construct validity of the Adult Social Care Outcomes Toolkit for Carers（ASCOT-Carer)," *Quality of Life Research*, 24：2601-14.

榊原賢二郎, 2019,「障害社会学と障害学」榊原賢二郎編『障害社会学という視座―社会モデルから社会学的反省へ―』新曜社, 152-201.

榊原賢二郎編, 2019,『障害社会学という視座―社会モデルから社会学的反省へ―』新曜社.

佐藤郁哉, 2008a,『質的データ分析法, 原理・方法・実践』新曜社.

――――, 2008b,『実践質的データ分析入門, QDA ソフトを活用する』新曜社.

杉野昭博, 2007,『障害学―理論形成と射程―』東京大学出版会.

鈴木広編, 1978,『コミュニティ・モラールと社会移動の研究』アカデミア出版会.

鈴木広, 1986,『都市化の研究――社会移動とコミュニティ』恒星社厚生閣.

高野和良，1996，「ボランティア活動の構造——担い手とクライエントの実証分析」
　　社会保障研究所編『社会福祉における市民参加』東京大学出版会，103-28.

武川正吾，2006，『地域福祉の主流化——福祉国家と市民社会Ⅲ』法律文化社.

田中千穂子・市川奈緒子・栗原はるみ，2005，「発達障害の心理臨床，子どもと家族
　　を支える療育支援と心理臨床的援助」有斐閣.

立岩真也，2000，『弱くある自由へ』青土社.

刀根洋子，2002，「発達障害児の母親の QOL と育児ストレス，健常児の母親との比
　　較」『日本赤十字武蔵野短期大学紀要』15：17-24.

土屋葉，2002，『障害者家族を生きる』勁草書房.

Tronto, Joan C., 2015, *Who Cares? How to Reshape a Democratic Politics*, Cornell
　　University Press.（岡野八代訳，2020，「ケアするのは誰か？——いかに、民主主
　　義を再編するか」Tronto, Joan C. 著，岡野八代訳・著『ケアするのは誰か？——
　　新しい民主主義のかたちへ』白澤社，19-82）

土屋葉，2002，『障害者家族を生きる』勁草書房.

通山久仁子，2011，「発達障害のある子どもをもつ親をめぐる動向——その論点の整
　　理のために」『西南女学院大学紀要』15：55-65.

通山久仁子，2017，「特定非営利活動法人 全国 LD 親の会にみる全国組織としての「親
　　当事者」団体の機能」『西南女学院大学紀要』21：75-85.

上野千鶴子，2002=2015，『差異の政治学新版』岩波書店.

————，2003，「［解説］家族、積みすぎた方舟」Fineman, Martha A., 1995, *The
　　Neutered Mother, The Sexual Family and Other Twentieth Century Tragedies*,
　　Routledge.（上野千鶴子監訳，2003，『家族、積みすぎた方舟——ポスト平等主義
　　のフェミニズム法理論』学陽書房，263-98.)

————，2011，『ケアの社会学——当事者主権の福祉社会へ』太田出版.

浦野茂，2019，「発達障害を捉えなおす—制度的支援の場における当事者の実践—」
　　榊原賢二郎編『障害社会学という視座—社会モデルから社会学的反省へ—』新曜社,
　　38-64.

浦光博，1992，『支えあう人と人——ソーシャル・サポートの社会心理学』サイエン
　　ス社.

浦光博・南隆男・稲葉昭英，1989，「ソーシャル・サポート研究——研究の新しい流
　　れと将来の展望—」『社会心理学研究』4(2)：78-90.

Wakimizu, R., H. Fujioka, and A. Yoneyama, 2010, "Empowerment process for
　　families rearing children with developmental disorders in Japan," *Nursing &
　　Health Sciences* 12: 322-328.

渡部奈緒・岩永竜一郎・鷲田孝，2002，「発達障害幼児の母親の育児ストレスおよび
　　疲労感. 小児保健研究 61(4)：553-60.

山口麻衣・山口生史・松澤明美・中村裕美・堀越栄子・小原眞知子・Rand Stacey・

Kamilla Razik, 2018, 「日本語版ケアラー用 QOL 尺度（ASCOT Carer）の開発——開発のプラセスと課題」『老年社会科学』40（2）：175.

山根真理, 1990, 「『近代的母親規範』に関する考察——保育園児をもつ母親の調査を中心にして」『家族関係学』9：21-31.

山下亜紀子, 1999, 「農村地域における社会福祉専門サービスの役割——山形県上山市と島根県石見町・瑞穂町の調査結果をもとに」『社会分析』26：47-60.

————, 2001, 「農村地域における介護問題と農協の社会福祉的機能」『協同組合奨励研究報告』27：372-89.

————, 2004, 「育児支援者の動機付けに見る地域型育児支援の展望」『国立女性教育会館研究紀要』8：39-50.

————, 2011, 「住民主体型育児支援組織の特徴と展開」『社会分析』38：137-54.

————, 2012, 「住民主体型育児支援組織におけるリーダーの動機付けに関する考察」『宮崎大学教育文化学部紀要』25・26：31-42.

山下亜紀子・姜暻求, 2007, 「農協による高齢者福祉活動の展開——宮崎県児湯地域の調査をもとに」『宮崎女子短期大学研究紀要』33：129-43.

横塚晃一, 2007, 『母よ！殺すな』生活書院.

要田洋江, 1999, 『障害者差別の社会学——ジェンダー・家族・国家』岩波書店.

吉村さやか, 2019, 「「女性に髪の毛がないこと」とは、どのような「障害」なのか——スキンヘッドで生活する脱毛症の女性を事例として」榊原賢二郎編『障害社会学という視座—社会モデルから社会学的反省へ—』新曜社, 1-37.

湯沢純子・渡邊佳明・松永しのぶ, 2008, 「自閉症児を育てる母親の子育てに対する気持ちとソーシャルサポートとの関連」『昭和女子大学生活心理研究所紀要』10：119-29.

全国社会福祉協議会, 1993, 『住民参加型在宅福祉サービスにおける時間貯蓄・点数預託制のあり方について』.

官公庁資料

国立障害者リハビリテーションセンター, 2019, 『発達障害情報・支援センター』, 国立障害者リハビリテーションセンターホームページ, （2019 年 10 月 1 日取得, http://www.rehab.go.jp/ddis/相談窓口の情報/発達障害者支援センターにおける支援実績/?action=common_download_main&upload_id=4036）.

厚生労働省, 2018, 『平成 28 年生活のしづらさなどに関する調査（全国在宅障害児・者等実態調査）結果の概要』（厚生労働省 HP, 2024 年 9 月 18 日取得, https://www.mhlw.go.jp/toukei/list/seikatsu_chousa_b_h28.html）.

厚生労働省, 2024a, 「発達障害者支援施策の概要」, 厚生労働省ホームページ（2024 年 10 月 28 日取得, http://www.mhlw.go.jp/bunya/shougaihoken/hattatsu/gaiyo.html）.

厚生労働省，2024b，『e-ヘルスネット［情報提供］』（厚生労働省 HP，2024 年 10 月 25 日取得，https://www.e-healthnet.mhlw.go.jp/information/dictionary/heart/yk-049.html）．

宮崎県発達障がい者支援体制整備検討委員会，2009，『宮崎県発達障がい者支援体制整備計画』．

文部科学省，2012，『通常の学級に在籍する発達障害の可能性のある特別な教育的支援を必要とする児童生徒に関する調査結果について』（文部科学省 HP，2024 年 9 月 18 日取得，https://www.mext.go.jp/a_menu/shotou/tokubetu/material/1328729.htm）．

内閣府，2022，『令和 4 年版　障害者白書』，内閣府ホームページ，（2024 年 10 月 25 日取得，https://www8.cao.go.jp/shougai/whitepaper/r04hakusho/zenbun/index-pdf.html）．

特定非営利法人日本ペアレント・メンター研究会，2020，『平成 30 年度障害者総合福祉推進事業　ペアレント・メンター養成と活動支援ガイドラインの作成に関する調査 報告書』，厚生労働省ホームページ，（2020 年 3 月 1 日取得，https://www.mhlw.go.jp/content/12200000/000521771.pdf）．

その他資料

『ACTIVO！』2009 年 3 月編集号，サン・グロウ．

あとがき

「会員のお母さんたちのお話を聞かせてもらってもいいですか？」

2010年2月，子育て支援団体の研究をする中で出会った外山明美さんに聞いてみた。研究をする上で，それまでにない気持ちであった。ちょうど同じ頃，中学1年生の娘が病気になり，入院も経験したので，同じような母親の立場ではないかと感じて，むしょうにお母さんたちのお話を聞いてみたくなった。外山さんは，ニコニコしながら「じゃあ，茶話会をしましょうか？」とご提案してくださり，以来，現在まで，茶話会の場での調査が続いている。最初のインスピレーションは大当たりで，調査にいくこと（＝お母さんたちに会いにいくこと）は，苦労を共にした戦友に会いにいくような感覚があり，現在でも毎回とても楽しみに通っている。

2024年度の日本社会学会の年次大会においては，日本社会学会創立100周年記念として「激動する世界における社会学の役割」と題する国際シンポジウムが開催されていた。この中で，上野千鶴子先生がご登壇され，社会学における当事者研究の意義について語っておられた。私が研究をはじめた1990年代は，自分自身の問題は客観視できないのでテーマとして避けるべきだ，という風潮があったが，上野先生のお話は，当事者研究の強さと魅力にあふれていて，隔世の感があった。本書は，今，新しく力を帯びてきている当事者によるものであり，ケアラーとしての当事者研究であるといえよう。しかし私自身にとっては，同じ立場から，単に研究を行う時間にとどまっていなかった。それは，私自身の経験を整理する場であったり，お母さんたちの力を感じたり，悲しい思いに共感して涙したり，私にとって様々な意味をもたせてくれるものであった。研究と人生がシンクロしている時間で，研究者自身にとっても意味のあるものであったといえる。そうして続けてきた研究の成果をやっと1冊にまとめるこ

とができ，ほっとしたような，また嬉しいような気持ちを，しみじみ味わっている。

　私事で恐縮だが，せっかくの機会なので，このあとがきで，家族への感謝も述べさせていただきたい。これまで何度か研究者を続けることを断念しようか，と考えた。それでもなんとか続けてこられたのは，母と父と妹が励まし，様々に支え続けてくれてきたことがとても大きい。またかけがえのない存在である娘のさくらは，研究をする上でも，人生を進める上でもいつも大きな原動力であった。小さいころから長く一緒に暮らした甥と姪もとても可愛くてとても支えになった。みんな，本当にありがとうございます。

　今年の冬は，いつになく長く厳しい。お母さんたちにとって厳しい時期もまだまだ続くかもしれないが，本書が少しでも春の訪れに貢献できたら幸いである。

2025 年 2 月 8 日

山下　亜紀子

謝　辞

　本社の刊行に至るまでには，多くの方々からのご支援をいただきました。

　まず調査にご協力いただいた皆様に感謝申し上げます。調査対象団体の代表の外山明美さん，辛島育代さんのお力がなければ，この研究の実施もかないませんでした。またたくさんのお話を聞かせていただいた調査協力者の方々のおかげで，みなさんの大変な状況をまとめることができました。心からお礼を申し上げます。

　共同研究者である根來秀樹先生，河野次郎先生にも心から感謝いたします。学際的な見地から研究を実施することができたのは，先生方のおかげです。

　研究者仲間の先生方にも多くのお励ましと支援を頂戴しました。他の研究課題でお世話になっている速水聖子先生，横田尚俊先生，益田仁先生，高嵜浩平先生には，有益な研究のアドバイスをいただいたり，楽しくディスカッションをしたりしながら，ご支援をいただきました。大切な研究活動の場を提供してくださり，ありがとうございます。生活構造研究会でご一緒している先生方にも長く様々にご支援をいただいています。

　勤め先では，友人でもある藤田智子先生，井上智史先生，木下寛子先生，野々村淑子先生のおかげで，刺激的で楽しい研究生活を続けることができています。また現在の同僚でもあり，先輩でもある三隅一人先生，高野和良先生にも多くのご支援を賜りました。心よりお礼申し上げます。

　本書カバーの絵は，調査団体の外山明美さんと門之園薫さんの作品を掲載させていただきました。素敵な絵で本書を飾ることができ，とても嬉しく思います。最後に本書の刊行にあたっては，学文社の田中千津子代表に大変にお世話になりました。作業が遅くなりがちな状況に，いつも寄り添ってくださり，大変に助けていただきました。心より感謝の意を表します。

付記：本書は，「発達障害児の地域社会型家族支援システム「ドゥーリア」モデルの構築」（基盤研究(C)　課題番号：20K02182）による研究成果を報告するものです。

初出一覧

第1章　本書の目的―母親たちの生活上の苦しみと生活の編み直しをとらえる―
　　　　書き下ろし

第2章　障害児の母親はどのようにとらえられてきたのか―社会学研究のレビュー
　　　　山下亜紀子，「障害児の母親はどのように捉えられてきたのか―社会学研究
　　　　のレビュー―」『人間科学　共生社会学』8：31-9

第3章　発達障害児の母親が抱える生活困難
　　　　山下亜紀子・河野次郎，2013，「発達障害児の母親が抱える生活困難につい
　　　　ての研究」『日本社会精神医学会雑誌』22（3）：241-54.

第4章　発達障害児の母親の社会構造の関与と生活困難
　　　　山下亜紀子，2015，「発達障害児の母親が抱える生活困難と社会参与につい
　　　　ての研究」『社会分析』42：5-23

第5章　発達障害児の母親にとってのフォーマルな支援実態
　　　　山下亜紀子，2012，「発達障害児の家族に対する公的支援の現状と課題」『現
　　　　代の社会病理』27：145-58
　　　　山下亜紀子，2020，「発達障害児の母親における生活問題処理プロセス―専
　　　　門機関群の検討をもとに―」『人間科学 共生社会学』10：45-57

第6章　発達障害児の母親にとっての対人的支援実態―ソーシャル・サポート分析
　　　　に基づいて―
　　　　山下亜紀子，2014，「発達障害児の母親の対人的支援についての考察―ソー
　　　　シャル・サポート分析に基づいて―」『西日本社会学会年報』12：5-19

第7章　母親たちの「頼みの綱」となる障害児親の会―宮崎県の障害児・障害児家
　　　　族の団体 A，B を事例として―
　　　　山下亜紀子，2022，「母親たちの頼みの綱となる障害児親の会―宮崎県の障
　　　　害児・障害児家族の団体 A,B を事例として―」日本社会分析学会監修，室
　　　　井研二・山下亜紀子編『社会の変容と暮らしの再生』43-62

第 8 章　発達障害児の母親の生活実態と QOL―日本語版社会的ケア QOL 尺度
（ASCOT Carer）を用いた調査の分析―
山下亜紀子，2021，「発達障害児の母親の生活実態と QOL ―日本語版社会
的ケア QOL 尺度（ASCOT Carer）を用いた調査の分析―」『人間科学　共
生社会学』11：69-81

第 9 章　家族によるケアと地域の共同性―高齢者，子ども，障害児のケアから―
山下亜紀子，2021，「家族によるケアと地域の共同性―高齢者，子ども，障
害児のケアから―」『社会分析』48：31-46

第 10 章　障害児の母親は、なぜ苦境にたたされるのか―母親を社会的排除においこ
むからくり―
山下亜紀子，2024，「障害児の母親は，なぜ苦境にたたされるのか―母親
を社会的排除においこむからくり―」『社会分析』51：47-61

人 名 索 引

事 項 索 引

著 者 紹 介

山下亜紀子（やましたあきこ）

宮崎県生まれ。九州大学大学院文学研究科修士課程修了，岩手大学大学院連合農学研究科博士課程修了。
博士（農学）。専門は家族社会学・福祉社会学・地域社会学。
現在，九州大学大学院人間環境学研究院准教授。
著書に『ジレンマの社会学』（共著，ミネルヴァ書房，2020 年），『社会の変容と暮らしの再生』（共編著，学文社，2022 年），『入門家族社会学』（共編著，学文社，2023 年）など。

発達障害児の母親ケアラーの生活の苦しみと編み直し

2025年3月10日　第1版第1刷発行　　　　　　　　　〈検印省略〉

著　者　山下亜紀子

発行者　田中　千津子

発行所　株式会社 学文社

〒153-0064　東京都目黒区下目黒3-6-1
電話　03（3715）1501 ㈹
FAX　03（3715）2012
https://www.gakubunsha.com

印刷　新灯印刷

ISBN 978-4-7620-3420-6